KOMPASS

Fahrrad-Tourenkarte

7003

1:50 000 1 cm ≙ 500 m

Mainradweg

Von Bayreuth nach Mainz

Stadtpläne
Tourenhighlights
Unterkünfte
Einkehr

W0110992

WETTERFEST

Übersicht Mainradweg

Von Bayreuth nach Mainz

Viel Spaß auf Ihrer Tour

Alte Mainbrücke mit Festung Marienberg in Würzburg
Foto: Congress-Tourismus-Wirtschaft Würzburg; Fotograf: Bestle, Andreas

Sehenswertes unterwegs

Bayreuth ▸ Seite 4

Markgräfliches Opernhaus
Als „einzigartiges Monument der europäischen Fest- und Musikkultur des Barock“ gehört das Opernhaus seit 2012 zum UNESCO-Weltkulturerbe. Im Auftrag der Markgräfin Wilhelmine wurde das prachtvolle Baudenkmal 1746–1750 vom Theaterarchitekten Giuseppe Galli Bibiena erbaut. Seit 2012 bis voraussichtlich 2018 wird es umfassend saniert und restauriert. Im Informationszentrum, welches im Opernhaus eingerichtet wurde, erhält man Einblick in die Bauweise und die Restaurierung. Ein Sichtfenster gibt den Blick auf die Baustelle frei (Opernstraße 14, Tel. +49 (0)921/7596922, www.bayreuth-wilhelmine.de/deutsch/opernh).

Festspielhaus
Richard Wagner (1813–1883) stellte besondere Ansprüche an ein Musiktheater. Das Markgräfliche Opernhaus war ihm zu klein und zu prunkvoll, weshalb er 1872 ein schlichtes Festspielhaus mit Backsteinfassade errichten ließ. Als Vorbild für die Gestaltung des Zuschauerraumes dienten ihm antike Theater. Das Festspielhaus überzeugt durch eine hervorragende Akustik. Die ersten Festspiele fanden 1876 mit der Uraufführung „Der Ring des Nibelungen“ statt. Unter den Besuchern waren u. a. Kaiser Wilhem I., Tschaikowsky, Grieg, Bruckner und Liszt. Alljährlich im Juli und August begeistern die Spiele Tausende von Gästen (Festspielhügel 1–2, Tel. +49(0)921/78780, www.bayreuther-festspiele.de, www.bayreuth.de).

Eremitage
Ein paar Kilometer außerhalb der Stadt ließ 1715 Markgraf Georg Wilhelm ein Schloss erbauen, welches aufgrund der Abgeschiedenheit und der spartanisch eingerichteten Eremitenzellen zur Einkehr dienen sollte. 1735 erweiterte Markgräfin Wilhelmine das Schloss unter anderem um ein Musikzimmer, ein Japanisches Kabinett und ein Chinesisches Spiegelkabinett, in dem sie ihre Memoiren schrieb. Auf

Eremitage

Foto: © Björn Vollmuth

dem weiträumigen Areal finden sich heute nicht nur das Alte Schloss, sondern u. a. auch ein Neues Schloss, Grotten, ein Ruinentheater und beeindruckende Wasserspiele (Eremitage 1, Tel. +49(0)921/7596937, www.bayreuth-wilhelmine.de).

Neues Schloss und Hofgarten
Nachdem das Alte Schloss einem Brand zum Opfer fiel, wurde ab 1753 eine neue Stadtresidenz erbaut. Markgräfin Wilhelmine beeinflusste auch hier wieder wesentlich die Gestaltung. Das Palmenzimmer mit der kostbaren Nussholzvertäfelung und den vergoldeten Palmen ist eine Besonderheit. Heute befinden sich im Neuen Schloss u. a. ein Museum über „Das Bayreuth der Markgräfin Wilhelmine". Der angeschlossene Hofgarten dient als Ort für Erholungssuchende (Ludwigstraße 21, Tel. +49(0)921/759690, www.bayreuth-wilhelmine.de).

Bamberg ▸ Seite 12, 46

Altes Rathaus
Auf einer künstlichen Insel in der Regnitz wurde das Alte Rathaus erbaut. Die Fresken sind beeindruckend, denn sie erwecken den Anschein, als wäre die Fassade plastisch. Heute beherbergt das Alte Rathaus den prunkvollen Rokokosaal, der als besonderer Trauungsort dient, und die Sammlung Ludwig (Obere Brücke, www.museum.bamberg.de).

Altes Rathaus auf der Regnitz-Insel
Foto: Simone Schröder

Altenburg
Das Wahrzeichen der Stadt liegt auf dem höchsten der sieben Hügel Bambergs. Im 14./15. Jh. diente die Altenburg den Bamberger Bischöfen als Wohnstätte. Anfang des 19. Jhs. verbrachte E.T.A. Hoffmann fünf Jahre in Bamberg. Er zog sich dabei auch in die Altenburg zurück, um künstlerisch kreativ zu werden. Auf der Aussichtsterrasse bietet sich ein wunderbarer Blick auf Bamberg und das Umland.

Dom und Domplatz
Auf dem eindrucksvollen Domplatz steht der viertürmige Kaiserdom St. Peter und Georg, dessen Grundstein im Jahr 1002 gelegt wurde. Gleich zweimal brannte der Dom nieder. Die Einweihung des heutigen Domes erfolgte 1237. Besonders sehenswert sind das Hochgrab des heiligen Kaiserpaares Kunigunde und Heinrich II., der geheimnisvolle „Bamberger Reiter" sowie das Papstgrab von Clemens II. (Domplatz 5, www.bamberger-dom.de).

Blick bietet sich von der Festung Marienberg über die Alte Mainbrücke auf die Stadt mit dem Turm-Ensemble von Grafeneckart, Dom und Marienkapelle. ▶ **Seite 24/25, 46**

Miltenberg
Über der romantischen Fachwerkstadt, die liebevoll auch „Perle des Mains" bezeichnet wird, erhebt sich die Mildenburg, von welcher sich ein großartiger Blick über das Maintal bietet. Zur Einkehr lockt das älteste Gasthaus Deutschlands: „Zum Riesen". ▶ **Seite 35**

Frankfurt am Main
Wer die Stadt von oben sehen möchte, fährt am besten mit dem Aufzug auf die Aussichtsplattform, die sich in 200 m Höhe am Main Tower befindet. Nicht verpassen sollte man den Römerberg mit seinen wunderschönen Fachwerkbauten. ▶ **Seite 42, 47**

Mainz
Die 2.000 Jahre alte Stadt besitzt viele Sehenswürdigkeiten aus römischer Zeit, wie etwa das Bühnentheater (1. Jh. n. Chr.), das 10.000 Menschen Platz bot und die Römersteine, Überbleibsel des Aquädukts. Mit dem Dom St. Martin, der Zitadelle und dem Gutenberg-Museum hat Mainz aber noch jede Menge mehr im Angebot. ▶ **Seite 45, 47**

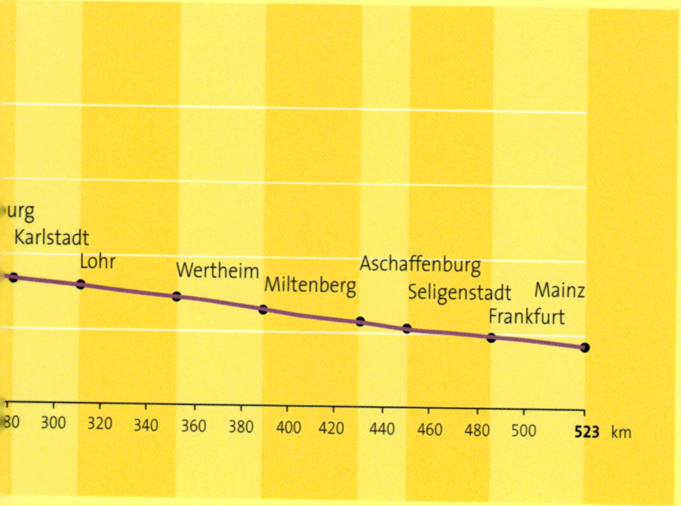

Highlights auf der Tour

Bayreuth
Kulturell hat Bayreuth jede Menge zu bieten. Vor allem Markgräfin Wilhelmine prägte die Stadt und ihre bis heute erhaltenen Kulturstätten. Eine davon gehört seit 2012 sogar zum UNESCO-Weltkulturerbe, das Markgräfliche Opernhaus. Weltweite Berühmtheit erlangte die Stadt wohl durch die Richard-Wagner-Festspiele, die jedes Jahr zahlreiche Gäste aufs Neue bezaubern. ▶ **Seite 4**

Bamberg
Seit 1993 gehört die Bamberger Altstadt zum UNESCO-Weltkulturerbe. Deshalb sollte man bei einem Besuch auch genügend Zeit einplanen, um all die Fülle an Kunst und Kultur entdecken zu können. Die idyllische Stadt, welche mittelalterlichen Charme versprüht, ist ein lohnenswertes Ziel. ▶ **Seite 12, 46**

Würzburg
Balthasar Neumann, ein großer Barock-Baumeister, schuf in Würzburg mit der Residenz ein Weltkulturerbe. Aber auch sonst hat die Stadt am Main eine bunte Palette an Sehenswertem zu bieten. Ein großartiger

Streckenprofil:

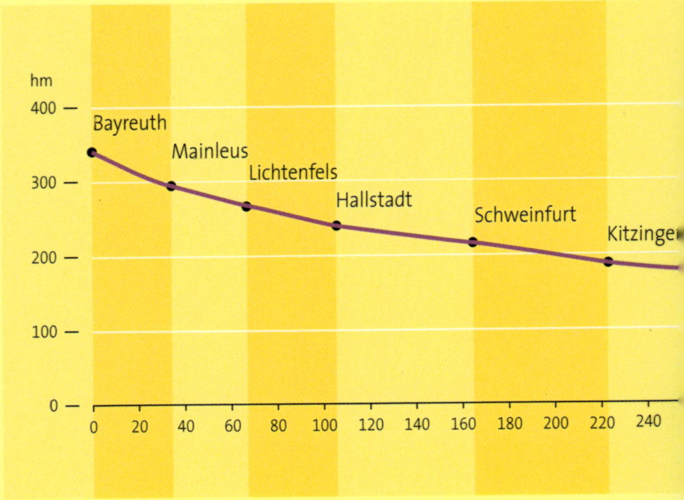

Neue Residenz
Der ehemalige Sitz der Fürstbischöfe wurde ab 1613 errichtet. Über 40 Prunkräume können heute besichtigt werden. Besonders eindrucksvoll ist der Kaisersaal mit den 16 überlebensgroßen Kaiserbildnissen. Heute befinden sich in der Neuen Residenz auch die Staatsbibliothek und die Staatsgalerie (Domplatz 8, Tel. +49(0)951/51939-0, www.schloesser.bayern.de, www.domberg-bamberg.de).

Klein Venedig
Die am linken Regnitzarm dicht aneinandergebauten Fachwerkhäuser mit ihren klitzekleinen Gärten stammen großteils aus dem Mittelalter. In der ehemaligen Fischersiedlung dümpeln auch heute noch Kähne vor den Häusern. Da die Siedlung an Venedig erinnert, wird sie von den Bambergern „Klein Venedig" genannt (Am Leinritt).

Würzburg ▸ Seite 24/25, 46

Residenz und Hofgarten
Anfang des 18. Jhs. wurde der Grundstein für die ehemalige Residenz der Fürstbischöfe gelegt. Es ist eines der bedeutendsten Barockschlösser Europas und wurde 1981 zusammen mit dem Residenzplatz und dem Hofgarten in die Liste des UNESCO-Weltkulturerbes aufgenommen. Neben der prachtvollen Hofkirche sind in der Residenz 40 Räume mit Kunstschätzen des 18. Jhs. zu besichtigen. Der angrenzende Hofgarten lädt zur Erholung und Entspannung ein (Residenzplatz, www.residenz-wuerzburg.de).

Festung Marienberg
Auf der linken Mainuferseite, umgeben von Weinreben, liegt die beeindruckende Festung Marienberg. Bereits im frühen 8. Jh. befand sich an diesem Platz ein Kastell mit Kirche. Um 1200 wurde eine ungewöhnlich große Burg errichtet, die man später noch erweiterte. Heute beherbergt die Burg zwei Museen: das Fürstenbaumuseum und das Mainfränkische Museum mit der größten Riemenschneider-Sammlung der Welt. Der herrlich angelegte Fürstengarten lockt mit einem tollen Ausblick auf die Stadt (www.schloesser.bayern.de, www.mainfraenkisches-museum.de).

Alter Kranen
Fürstbischof Adam Friedrich von Seinsheim erteilte im 18. Jh. den Auftrag, einen Kran zu errichten, um Güter einfacher vom Fluss aufs Land und umgekehrt zu befördern. Mittels Tretrad und Flaschenzügen wurde der Kran mit Menschenkraft betrieben. Heute ist der Alte Kranen ein Wahrzeichen der Stadt am rechten Mainufer.

St.-Kilians-Dom und Schönbornkapelle
Die viertgrößte romanische Kirche Deutschlands brannte bei einem Luftangriff im Zweiten Weltkrieg völlig aus. Nach dem Wiederaufbau

wurde der Dom 1967 eingeweiht und erstrahlt nach aufwendigen Restaurierungs- und Umgestaltungsarbeiten in neuem Glanz. Die angebaute Schönbornkapelle wurde von Balthasar Neumann als Grablege für die Fürstbischöfe aus dem Hause Schönborn geschaffen (Domplatz, www.dom-wuerzburg.de).

Wertheim ▸ Seite 32/33

Wertheimer Burg
Über der Stadt thront eine der größten Steinburgruinen Deutschlands (12. Jh.). Der einstige Sitz der Grafen von Wertheim bietet vom Bergfried eine wunderbare Sicht auf das Umland und die Stadt Wertheim mit ihren wunderschönen Fachwerkhäusern auf dem Marktplatz, die teilweise aus dem 16. Jh. stammen.

Miltenberg ▸ Seite 35

Bereits ab dem Mittelalter bestand in Miltenberg ein wichtiger Mainübergang. Vorerst wurde mit Fähren auf die andere Seite übergesetzt, Ende des 19. Jhs. baute man eine Brücke. Aus dem 14. Jh. stammen auch noch einige Stadttürme wie der Würzburger Turm, der Zuckmantelturm und das Mainzer Tor.

„Schnatterloch" – Alter Marktplatz
Mitten auf dem Marktplatz, der von mehreren prächtigen Fachwerkbauten umrahmt wird, steht der Marktbrunnen (1583) aus rotem Sandstein. Sehenswert sind auch der Renaissancetorbogen, der den Auftakt zur Burgbesteigung bildet, und die Alte Amtskellerei. Heute befindet sich darin das Museum der Stadt Miltenberg (Hauptstraße 169–175, Tel. +49(0)9371/668504, www.museum-miltenberg.de).

„Schnatterloch"

Foto: Tourismusgemeinschaft Miltenberg Bürgstadt Kleinheubach

Mildenburg
Über der Mainschleife ließen die Erzbischöfe von Mainz bereits Ende des 12. Jhs. eine Burg errichten. Heute sind in den Räumlichkeiten das Museum.Burg.Miltenberg untergebracht, welches Ikonen und zeitge-

Eine kurze Rast vor dem Festspielhaus in Bayreuth
Foto: © Bayreuth Marketing & Tourismus GmbH

Verkehr

- Autobahn, Anschlussstelle mit Nummer
- Schnellstraße
- Hauptstraße/Bundesstraße
- Nebenstraße, schmale Nebenstraße
- Fahrweg, Forstweg/Güterweg (teilweise für Kfz gesperrt)
- Karrenweg, Fußweg
- Straße in Planung/in Bau
- Tunnel
- Eisenbahn mit Bahnhof oder Haltestelle
- S-Bahn
- Regionalbahn, U-Bahn
- Schmalspurbahn
- Standseilbahn
- Seilbahn, Gondelbahn
- Sessellift
- Schifffahrtslinie
- Hafen, Schiffsanlegestelle
- Personenfähre, Autofähre
- Parkplatz, Parkhaus
- Park + Ride
- Flughafen, Flugplatz

Sport und Freizeit

- Hotel/Gasthof/Restaurant, Jugendherberge
- Campingplatz, Grillplatz
- Golf, Minigolf
- Kinderspielplatz, Wildpark, Vogelschutzgebiet
- Sportplatz, Sprungschanze
- Hallenbad, Freibad/Badesee
- Segeln, Windsurfen
- Bootsverleih, Fischen
- Werbepartner Werbepartner – mehr Information siehe Serviceteil

Touristische Hinweise

- Information, Museum
- Schöner Ausblick, Rundblick, Aussichtsturm
- Unterstand, Findling
- 85 Turm, Höhenpunkt
- Kirche, Wallfahrtskirche, Kapelle
- Kloster, Burg/Schloss, Ruine
- Museumsbahn, Forsthaus
- Denkmal, Ausgrabungen

Sonstiges

- Staatsgrenze
- Landesgrenze
- Truppenübungsplatz/Sperrgebiet
- Friedhof, Kläranlage
- Windmühle, Windkraftanlage, Wassermühle
- Bergwerk, stillgelegtes Bergwerk

Relief und Vegetation

- Geröll, Sumpf/Moor
- Wald, Heide
- Wein, Obst/Hopfen
- 1000 Höhenlinien (Äquidistanz 20m)

Zusatzinformationen nur in den Stadtplänen:

- Sehenswürdigkeit
- Fahrradreparatur
- Apotheke
- Krankenhaus
- Polizei
- Geldautomat
- Einkaufsmöglichkeit
- Post
- WC Öffentliche Toilette
- Fußgängerzone
- Bebaute Fläche, Öffentliches Gebäude

Radthema

- Hauptroute
- 05 Kilometrierung
- Variante
- Starke Steigung

GPS Info

Projektion:	UTM
Ellipsoid:	WGS84
Datum:	WGS84

Maßstab Tourenkarte 1: 50 000

0 1 2km

1 cm in der Karte ≘ 500 m in der Natur

nössische Kunst präsentiert. Vom 27 m hohen Bergfried genießt man eine tollen Aussicht über das Maintal (www.museum-miltenberg.de).

Gasthaus „Zum Riesen“
Miltenberg besitzt mit dem „Riesen“ das älteste Gasthaus Deutschlands (1590). Über Jahrhunderte hinweg war es Trinkstube der Fürsten und des Adels und wird daher auch „Fürstenherberge“ genannt (www.riesen-miltenberg.de).

Aschaffenburg ▸ Seite 38

Schloss Johannisburg mit Schlossgarten
Die imposante Vierflügelanlage aus rotem Buntsandstein (17. Jh.) liegt im Zentrum von Aschaffenburg am Ufer des Mains. Es zählt zu den schönsten Renaissanceschlössern Deutschlands und zeigt unter anderem eine Sammlung von aus Kork gefertigten Modellen. Die Nachbildungen der berühmtesten Bauten Roms wurden im 18. Jh. vom Hofkonditor Carl May und dessen Sohn geschaffen. Der kleine, aber vielfältige Schlossgarten lädt zum Spazierengehen ein (www.schloesser-bayern.de).

Frankfurt am Main ▸ Seite 42, 47

Römerberg
Im historischen Stadtzentrum am Römerberg (Ostzeile) bilden prächtige Fachwerkbauten und die Alte Nikolaikirche mit ihrem wohlklingenden Glockenspiel ein herrliches Ensemble. Nach Zerstörungen im Zweiten Weltkrieg wurde die Altstadt 1986 nach historischen Plänen wieder aufgebaut. Das Wahrzeichen der Stadt ist der Römer. Ein Patrizierhaus mit drei Treppengiebeln, das seit 1405 als Rathaus fungiert.

Römer *Foto: © Stadt Frankfurt Stefan Maurer*

DomRömer-Quartier
Ein Bombenangriff im März 1944 legte die schöne Altstadt Frankfurts in Schutt und Asche. Zwischen Römerberg und Domplatz entsteht bis 2017 ein einzigartiges neues Viertel mit 35 historischen Nach- und Neubauten (www.domroemer.de).

Dom
Die Weihe des Domes wurde 1239 vollzogen. Einst diente das Bauwerk als Wahlort der Deutschen Könige, später auch als Krönungskirche. Zwischen 1562 und 1792 fanden hier zehn Kaiserkrönungen statt (Domplatz 14, www.dom-frankfurt.de).

Museumsufer
Sowohl auf der linken als auch auf der rechten Seite des Mainufers gibt es zahlreiche interessante Museen zu entdecken und zu erleben. Das Städel Museum bietet beispielsweise über 700 Jahre europäische Kunstgeschichte. Weitere sehenswerte Einrichtungen sind das Ikonen-Museum, das Jüdische Museum und das Museum für Kommunikation (www.museumsufer-frankfurt.de).

Mainz ▶ Seite 45, 47

Dom St. Martin
Das Zentrum der Stadt bildet der imposante Dom. Errichtet im Stil der Romanik ist er dem Schutzheiligen Martin von Tours geweiht. Zu früheren Zeiten fanden hier mehrere Krönungen statt. Die Kirchenausstattung ist heute noch kostbar und prächtig (Am Markt 10, www.mainz-dom.de).

Pfarrkirche St. Stephan
Die dreischiffige gotische Hallenkirche auf dem Stephansberg hat eine einzigartige Besonderheit: blau leuchtende Glasfenster des jüdischen Künstlers Marc Chagall, welche er noch mit 98 Jahren, kurz vor seinem Tod, vollendete (Weißgasse 12, www.st-stephan-mainz.de).

Zitadelle
Über der Altstadt auf dem Jakobsberg thront die rund 300 Jahre alte Festung im Stil des Barocks. Der Aufstieg lohnt sich nicht nur wegen des wunderbaren Ausblicks, sondern auch wegen der interessanten Einblicke in Bastionen, unterirdische Gänge und Luftschutzkeller (www.festung-mainz.de).

Gutenberg-Museum
Im Zentrum der Altstadt ist eines der ältesten Buch- und Druckmuseen der Welt (besteht seit 1900) eingerichtet. Zu den größten Kostbarkeiten zählen zwei Gutenberg-Bibeln aus dem 15. Jh. (Liebfrauenplatz 5, Tel. +49(0)6131/12-2640, www.gutenberg-museum.de).

Römisches-Germanisches Zentralmuseum
Das 1852 gegründete Museum ist zugleich auch Forschungsstätte für Archäologie und stellt interessante Zeugnisse von der Steinzeit bis ins Mittelalter aus. Das Museum für Antike Schifffahrt, das ebenfalls zum RGZM gehört, zeigt eine große Auswahl von Wasserfahrzeugen aus der Antike (www.rgzm.de).

Unter-
Eselslohe
Ober-
Sandreuth
Schaitz
Unter-
-gräfenthal
Ober-
Heinersgrund
Bock Hans
Ramsenthal
Bindlacher Berg
40b
Hauenreuth
Zettlitz
421
Lerchenhof
Haselhof
Dörflas
Crottendorf
Hofmann
Eckershof
Theta
400
Heisenstein
Sonnenhof
Gemein
Pferch
Auf der Theta
Euben
Ruh
Kühleite
452
Am Bahnhof
Stöckig
452
Cottenbach
Hermannshof
Schupfenschlag
E51
Siegesturm
wellundfit Kletterhalle
Schießhaus
9
340
Bayreuth-Nord
41
Festspielhaus
Wendelhöfen
Porzellanmus. Walküre
Grüner Baum
Schreibmaschinenmus.
Hirsch
Ordenskirche
2
Bayreuther Katakomben
Arvena
Bayer. Hof
Accent
ST. GEORGEN
85
Maisel's Brauereimuseum
Rheingold
Altes Schloss
Opernhaus
Kunstmuseum
Start
Urweltmus.
Freimaurermus.
Stadtfriedh.
Neues Schloss
Jean-Paul-Mus.
Röth
Archäolog. Museum
R.-Wagner-Grab
686
688
5540
5538
5536
5534

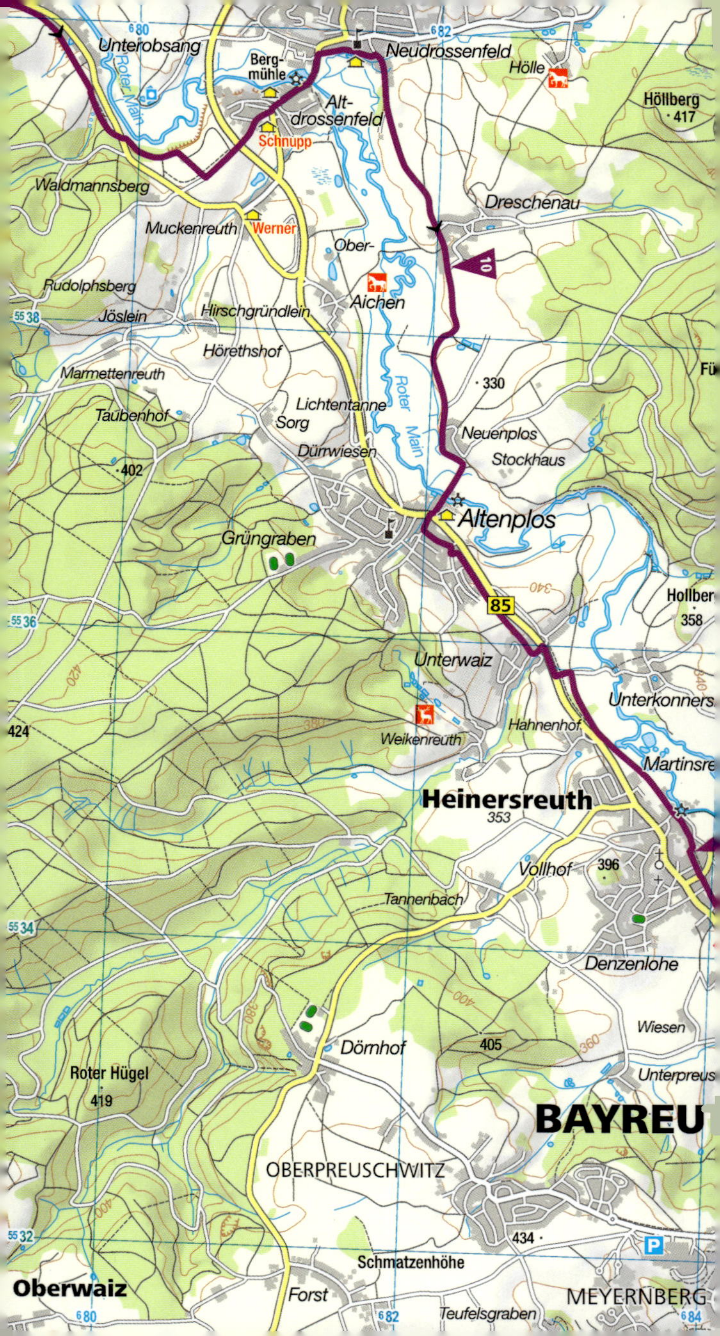

680
682
Unterobsang
Neudrossenfeld
Berg-
mühle
Hölle
Roter Main
Alt-
drossenfeld
Höllberg
417
Schnupp
Waldmannsberg
Dreschenau
Muckenreuth
Werner
Ober-
Aichen
10
Rudolphsberg
Jöslein
Hirschgründlein
55 38
Hörethshof
Marmettenreuth
330
Roter Main
Lichtentanne
Taubenhof
Sorg
Neuenplos
Dürrwiesen
Stockhaus
402
Altenplos
Grüngraben
340
85
Hollberg
358
55 36
420
Unterwaiz
340
Unterkonners
424
380
Weikenreuth
Hahnenhof
Martinsre
Heinersreuth
353
Vollhof
396
Tannenbach
55 34
Denzenlohe
400
380
Wiesen
405
360
Dörnhof
Unterpreus
Roter Hügel
419
BAYREU
OBERPREUSCHWITZ
400
55 32
434
P
Schmatzenhöhe
Oberwaiz
Forst
MEYERNBERG
680
682
Teufelsgraben
684

Nützliches für unterwegs

€ = unter 30 EUR; **€€** = 30 bis 60 EUR; **€€€** = über 60 EUR;
Preis pro Person im DZ, incl. Frühstück

ASCHAFFENBURG PLZ: D-63739, Tel. +49 (0)6021

Hotel Goldener Karpfen (€€), Löherstr. 20, Tel. 45909-0, www.goldenerkarpfen.de
Zum Goldenen Ochsen (€€), Karlstr. 16, Tel. 23132, www.zumgoldenenochsen.de

Fahrradservice Bike-Depot, Würzburger Str. 64, Tel. 960779, www.bike-depot.de

BAMBERG PLZ: D-96049, Tel. +49 (0)951

Bed & Bike Bamberg Mitte (€€), Obere Königstr. 6, PLZ: D-96052, Tel. 97458319, www.bedandbike-bamberg.com
Hotel Central (€€), Promenadestr. 3, PLZ: D-96047, Tel. 981260, www.central-bamberg.de
Jugendherberge Bamberg „Am Kaulberg" (€€), Unterer Kaulberg 30, Tel. 2995289-0, www.jugendherberge.de
Campinginsel, Am Campingplatz 1, Tel. 56320, www.campinginsel.de

Fahrrad Dratz, Pödeldorfer Str. 190, PLZ: D-96050, Tel. 12428, www.dratz-bamberg.de

BAYREUTH PLZ: D-95444, Tel. +49 (0)921

Lohmühle Hotel-Restaurant (€€-€€€), Badstr. 37, Tel. 53060, www.hotel-lohmuehle.de
Pension Zum Edlen Hirschen (€€), Richard-Wagner-Str. 75, Tel. 764430, www.zum-edlen-hirschen.de
Gasthof und Pension Kolb (€€), Wendelhöfen 8, PLZ: D-95445, Tel. 24216, www.gasthof-kolb-bayreuth.de
Fahrradservice RADbar, Friedrich-Ebert-Str. 23, PLZ: D-95448, Tel. 78775949, www.radbar.de
Zweirad Frenzel, Markgrafenallee 42, PLZ: D-95448, Tel. 22472, www.zweirad-frenzel.de

BREITENGÜSSBACH PLZ: D-96149, Tel. +49 (0)9544

Fahrradservice AST-Bikes, Bamberger Str. 17, Tel. 986980, www.ast-bikes.de

BURGKUNSTADT PLZ: D-96224, Tel. +49 (0)9572

Hotel Drei Kronen (€-€€), Lichtenfelser Str. 24, Tel. 386050, www.hotel-3kronen.de

DETTELBACH PLZ: D-97337, Tel. +49 (0)9324

Alte Schmiede (€€), Am Bach 5–7, Tel. 98110, www.alte-schmiede-dettelbach.de
AKZENT Hotel Am Bach (€€), Eichgasse 5, Tel. 97300, www.hotelambach.de

FRANKFURT AM MAIN PLZ: D-60311, Tel. +49 (0)69

mainhaus Stadthotel Frankfurt (€€€), Lange Straße 26, Tel. 299060, www.mainhaus-frankfurt.de
Hotel zur Post (€€), Alt Schwanheim 38, PLZ: D-60529, Tel. 3535640, www.hotel-zur-post-frankfurt.de
Maingau Hotel (€€), Schifferstr. 38–40, PLZ: D-60594, Tel. 609140, www.maingau.de
Jugendherberge Haus der Jugend (€€), Deutschherrnufer 12, PLZ: D-60594, Tel. 6100150, www.jugendherberge-frankfurt.de

Fahrradservice Montimare, Hanauer Landstr. 11–13, PLZ: D-60314, Tel. 94318123, www.montimare.de
Fahrradservice mainbike, Mercatorstr. 27, PLZ: D-60316, Tel. 49085564, www.mainbike.de

GEMÜNDEN AM MAIN PLZ: D-97737, Tel. +49 (0)9351

Hotel Imhof (€€), Frankenstr. 1, Tel. 97110, www.hotel-imhof.de
Pension Goldener Anker (€€), Fabrikgasse 1, OT Langenprozelten, Tel. 3453, www.gasthof-gemuenden.de
Spessart Camping Schönrain, Schönrainstr., OT Hofstetten, Tel. 8645, www.spessart-camping.de
Campingplatz Saaleinsel, Duivenallee 2, Tel. 8574, www.campingplatz-saaleinsel.de

GRAFENRHEINFELD PLZ: D-97506, Tel. +49 (0)201

Bauloch
Buch am Sand
Solar-feld
Eichberg
377
Rottlers-reuth
384
Hutschdorf
Reuther Berg
Hutweide
Fahrenbühl
Unterlettenrangen
351
Igelsreuth
Katzenlohe
Buchloch
Kräuterschaugarten
zur Linde
Langenstadt
Tanzlinde
Hörlinreuth
Igelsweiher
Höhe
429
E48
70
Roter Main
Horn
356
Neuenreuth
15
Hornweiher
Amoshügel
Unterobsang
Krohenschwanz
347
392
Weinreichstein
Rudolphsberg
Silberbrunnen
Jöslein
Schlappach
Putzenstein
Kultur am Putzenstein
449
Pleofen
Heisenstein

Geiersbühl
Döllnitz
Papiermühle
Pulvermühle
Hamm
Heubsch
Kasendorf
Buschbrunnen
387
354
Magnusturm
Todtenhaus
Neidsmühle
Eckersdorf
Gartenatelier Kunert
Katzenstein
Schloss Thurnau
Töpfermuseum
Thurna
544
Neudorf
Friesen
23
Hohezorn
503
22
Thurnau-West
517
Berndorf
Weißer Berg
Menchau
Tanzlinde
E48
Leesau
483
Henkersbrunnen
Buchberg
523
Aubachquelle
Ordenbrunnen
Poppenleithen
555
Zigeunerbrunnen
Kleetzhöfe
Kleetz
561
526
Hoher Kreuzberg
Hohes Kreuz
538
530
Tannfeld
Hollfelder Bühl
515
400
500
520
672
674
5546
5544
5542
5540
5538

HASSFURT PLZ: D-97437, Tel. +49 (0)9521

B&B PensionSchenk (€-€€), Carius-Heier-Str. 20, Tel. 4201, www.pension-schenk.de
Hotel Walfisch (€€), Obere Vorstadt 8, Tel. 951251, www.hotel-walfisch-hassfurt.de

Fahrradservice Bike Emotions, Brückenstr. 9, Tel. 8619, www.bike-emotions.de

KARLSTADT PLZ: D-97753, Tel. +49 (0)9353

Hotel Mainpromenade (€€), Mainkaistr. 6, Tel. 90650, www.hotel-mainpromenade.de
Alte Brauerei Karlstadt (€€), Hauptstr. 58, Tel. 97710, www.alte-brauerei-karlstadt.de
Campingplatz Karlstadt, Baggertsweg 6, Tel. 996107, www.campingplatz-karlstadt.de

KITZINGEN PLZ: D-97318, Tel. +49 (0)9321

Hotel Bayerischer Hof (€€), Herrnstr. 2, Tel. 1440, www.bayerischerhof.info
Hotel Restaurant Esbach Hof (€€), Repperndorfer Str. 3, Tel. 220900, www.esbachhof.de
TIPTOP Hotel Kitzinger Hof (€€), Hindenburgring Süd 1, Tel. 23050, www.kitzingerhof.de
Campingplatz „Schiefer Turm", Marktbreiter Str. 20, Tel. 33125, www.camping-kitzingen.de

Fahrradwelt Kitzingen, Marktbreiter Str. 1, Tel. 132917, www.udo-lermann.de

KLINGENBERG AM MAIN PLZ: D-63911, Tel. +49 (0)9372

Villa Croatia (€€), Rathausstr. 3, Tel. 20660, www.villa-croatia.info
Hotel – Restaurant Katharinenhof (€€), Langgasse 35, OT Röllfeld, Tel. 9989-0, www.katharinenhof-klingenberg.de
Campingplatz Mainwiese, Ringstr. 24, Tel. 947-601, www.campingplatz-mainwiese.de

LICHTENFELS PLZ: D-96215, Tel. +49 (0)9571

Tourist-Information Lichtenfels, Seite 9
Marktplatz 10, 96215 Lichtenfels, ☎ (09571) 795-101, Fax (09571) 795-194, tourismus@lichtenfels.de, www.lichtenfels.de. Die Deutsche Korbstadt ist als Ausgangspunkt für einen Radfahrer-, Wander-, Wellness- oder Kultururlaub bestens geeignet. Highlight im September: der Korbmarkt.

Hotel Krone (€€), Robert Koch Str. 11, Tel. 7850, www.krone-lichtenfels.de
Hotel Preußischer Hof (€€), Bamberger-Str. 30, Tel. 5015, www.preussischer-hof.de
Maincamping Lichtenfels, Krößwehrstr. 52, Tel. 71729, www.lichtenfels-city.de/camping

Fahrradservice Mr. Bike, Bamberger Str. 42, Tel. 757428, www.mr-bike.de

LOHR AM MAIN

PLZ: D-97816, Tel. +49 (0)9352

Touristinformation Lohr a. Main, Seite 29
Schlossplatz 5, 97816 Lohr a. Main, ☎ (09352) 848-465, tourismus@lohr.de, www.lohr.de. Historisches Fischerviertel, eindrucksvolle Stadtmauer, Stadtturm mit vollständig erhaltenen Türmerwohnung, fränkische Fachwerkhäuser und historische Bauwerke, Schloss mit Spessartmuseum, Schulmuseum, Isolatorenmuseum.

Hotel Bundschuh (€€), Am Kaibach 7, Tel. 87610, www.hotelbundschuh.de
Campingplatz „Mainufer", Jahnstr. 12, Tel. 6029380, www.tsv-lohr.de

MAINTAL

PLZ: D-63477, Tel. +49 (0)6181

Hotel-Restaurant „Zur Mainlust" (€€), Seite 41
Fischergasse 28, 63477 Maintal, ☎ (06181) 94930, Fax (06181) 493044, info@hotel-mainlust.de, www.hotel-mainlust.de. Hotel direkt a. Mainufer, Fahrradgarage, Gartenterrasse, regionale Spezialitätenküche, alle Zi. m. Bad u. TV, NR-Zi., klimat. Zimmer u. Balkon möglich. Mo-Sa ab 17.00, So 11.30-15.00, Do Ruhetag.

Campingplatz Mainkur, Frankfurter Landstr. 107, Tel. +49 (0)69/412193, www.campingplatz-mainkur.de

MAINZ

PLZ: D-55116, Tel. +49 (0)6131

City Hotel Neubrunnenhof (€€), Große Bleiche 26, Tel. 232237, www.cityhotel-neubrunnenhof.de
Hotel Schottenhof (€€), Schottstr. 6, Tel. 232968, www.hotel-schottenhof.de
ibis Mainz City Hotel (€€), Holzhofstr. 2, Tel. 2470, www.accorhotels.com
Hotel – Gasthaus Zum Engel (€€), Mainufer 22, PLZ: D-55246 Mainz-Kostheim, Tel. +49 (0)6134/18180, www.hotelzumengel.de
Rhein-Main-Jugendherberge (€), Otto-Brunfels-Schneise 4, PLZ: D-55130, Tel. 85332, www.diejugendherbergen.de

Radhaus Mainz, Holzhof Str. 11, Tel. 231000, www.handelsrad.de
Fahrradservice die Radgeber, Hintere Bleiche 7, Tel. 5861717, www.die-radgeber.de
pedalist – Der Fahrrad-Meister, Adam-Karrillon-Str. 44, PLZ: D-55118, Tel. 553426-0, www.pedalist.de

MARKTHEIDENFELD

PLZ: D-97828, Tel. +49 (0)9391

Campingplatz Mainland, Mainstr. 9, OT Zimmern, Tel. 2558, www.cafe-mainland.de

MILTENBERG

PLZ: D-63897, Tel. +49 (0)9371

Hotel Mildenburg & Cafe Gingko (€€), Mainstr. 77, Tel. 2733, www.hotel-mildenburg.de
Gasthof Anker (€€), Hauptstr. 31, Tel. 2424, www.gasthof-anker-miltenberg.de
Flair Hotel Hopfengarten (€€), Ankergasse 16, Tel. 97370, www.flairhotel-hopfengarten.de

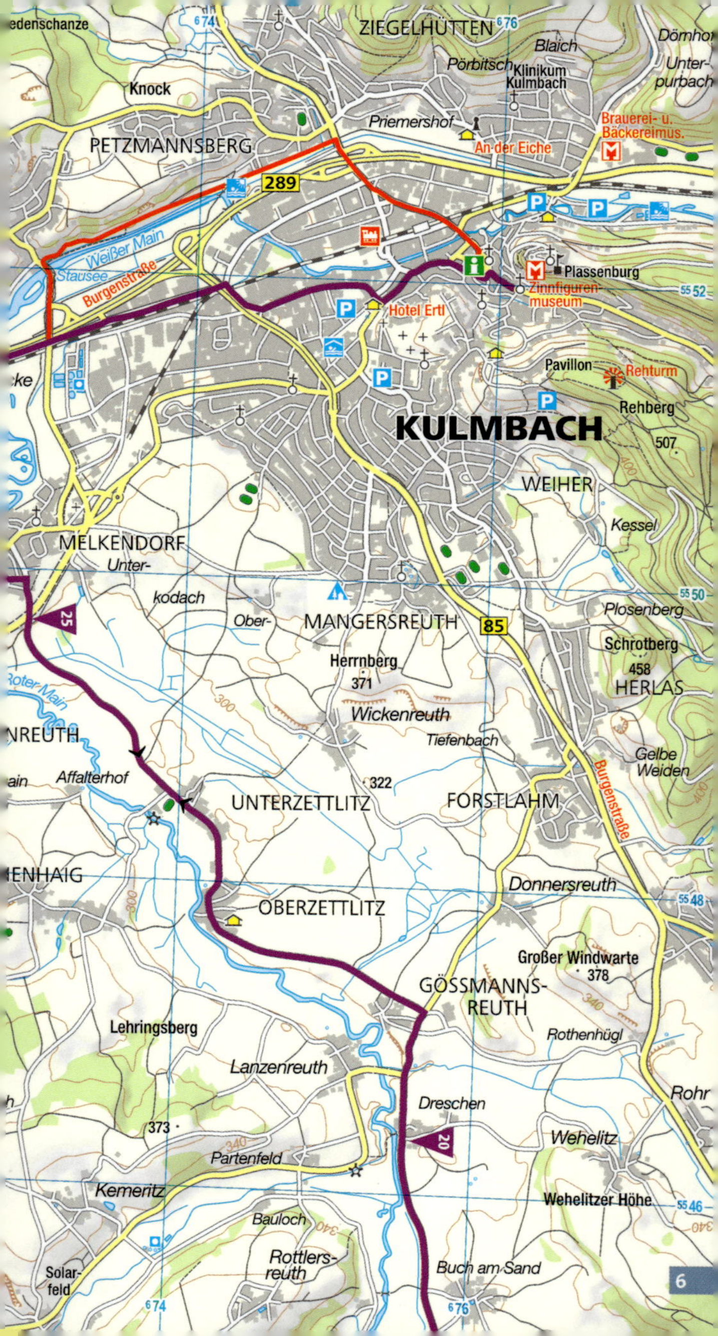

edenschanze
Knock
PETZMANNSBERG
ZIEGELHÜTTEN
Blaich
Pörbitsch
Klinikum Kulmbach
Unter-purbach
Priemershof
An der Eiche
Brauerei- u. Bäckereimus.
289
Weißer Main
Stausee
Burgenstraße
Plassenburg
Zinnfiguren-museum
Hotel Ertl
Pavillon
Rehturm
Rehberg
507
KULMBACH
WEIHER
Kessel
MELKENDORF
Unter-
kodach
Ober-
MANGERSREUTH
85
Plosenberg
Schrotberg
458
HERLAS
Herrnberg
371
Wickenreuth
Tiefenbach
25
Roter Main
Affalterhof
322
UNTERZETTLITZ
FORSTLAHM
Gelbe Weiden
Burgenstraße
Donnersreuth
OBERZETTLITZ
Großer Windwarte
378
GÖSSMANNS-REUTH
Rothenhügl
Lehringsberg
Lanzenreuth
Dreschen
Rohr
373
20
Wehelitz
Partenfeld
Kemeritz
Wehelitzer Höhe
Bauloch
Rottlers-reuth
Buch am Sand
Solar-feld
674
676
5552
5550
5548
5546

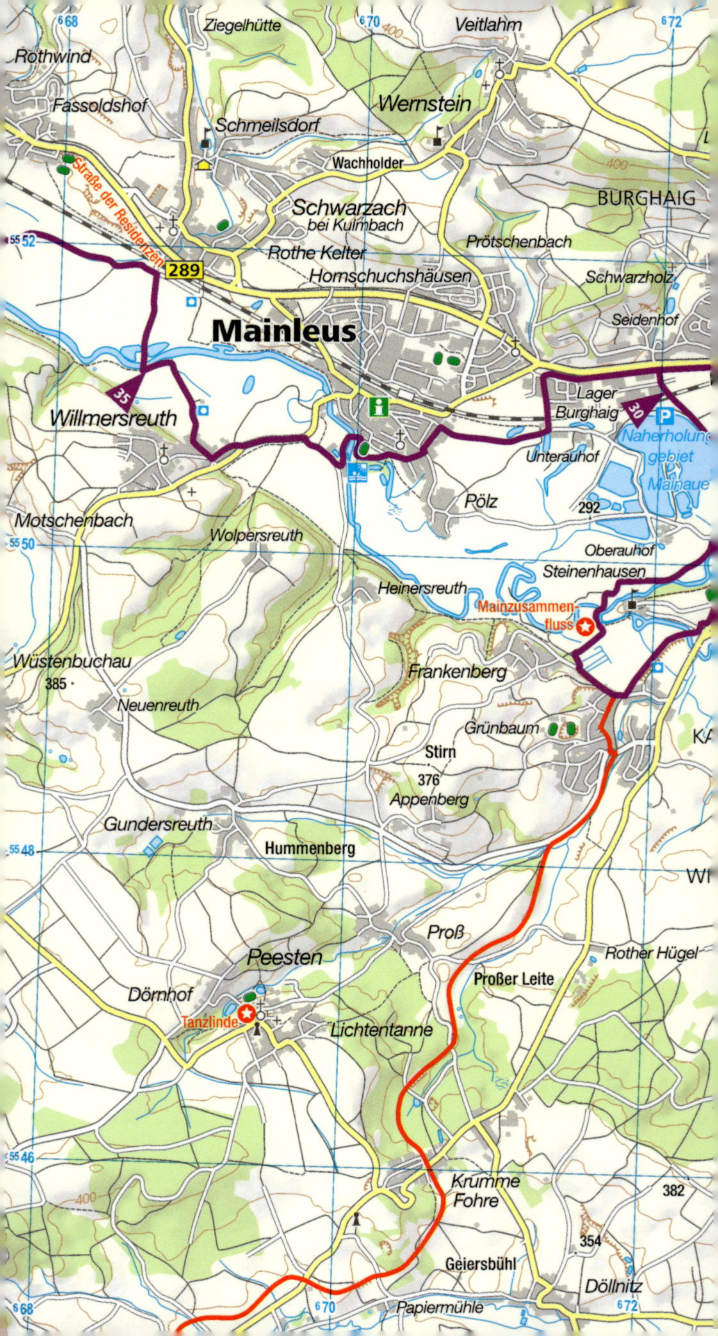

Rothwind
Fassoldshof
Ziegelhütte
Schmeilsdorf
Veitlahm
Wernstein
Wachholder
BURGHAIG
Straße der Residenzen
Schwarzach
bei Kulmbach
Rothe Kelter
Hornschuchshäusen
Prötschenbach
Schwarzholz
Seidenhof
289
Mainleus
35
Willmersreuth
Lager
Burghaig
30
Naherholungsgebiet
Mainaue
Unterauhof
Pölz
292
Motschenbach
Wolpersreuth
Oberauhof
Steinenhausen
Heinersreuth
Mainzusammen-
fluss
Wüstenbuchau
385
Neuenreuth
Frankenberg
Grünbaum
Stirn
376
Appenberg
Gundersreuth
Hummenberg
Proß
Peesten
Rother Hügel
Proßer Leite
Dörnhof
Tanzlinde
Lichtentanne
Krumme
Fohre
382
354
Geiersbühl
Döllnitz
Papiermühle
400

Campingplatz Mainwiese, Josef-Wirth-Str. 7, Tel. 3985, www.campingplatz-miltenberg.de

Fahrradservice VSBIKE, Von Hauck Str. 12, Tel. 406812, www.vs-bike.com

MÜHLHEIM AM MAIN PLZ: D-63165, Tel. +49 (0)6108

Hotel Adam (€€-€€€), Albertstr. 7–11, Tel. 60911, www.hotel-adam.de
Hotel Zum Maingau (€€), Hanauer Str. 72, OT Dietesheim, Tel. 7019175, www.hotel-zum-maingau.de

OCHSENFURT PLZ: D-97199, Tel. +49 (0)9331

Gasthof Bären (€€), Hauptstr. 74, Tel. 8660, www.gasthof-baeren-ochsenfurt.de
GoldGemäuer (€€), Obere Klingengasse 3, Tel. 7430, www.goldgemaeuer.de
SAND AM MAINPLZ: D-97522, Tel. +49 (0)9524

Campingplatz Sand am Main, Pappelallee 7, Tel. 822270, www.campingplatz-sand-am-main.de

SCHWEINFURT PLZ: D-97421, Tel. +49 (0)9721
Hotel Ross (€€), Hohe Brückengasse 4, Tel. 20010, www.hotel-ross.de
Alte Reichsbank (€€), Neutorstr. 4 ½, Tel. 541670, www.hotel-alte-reichsbank.de
Camping Oase Schweinfurt, Alte Bahnhofstr. 4 a, Tel. 3880368, www.camping-oase.com

Zweirad Borndörfer – Die Fahrradprofis, Schultesstr. 4, Tel. 21384, www.borndoerfer.de

VOLKACH PLZ: D-97332, Tel. +49 (0)9381

Romantik Hotel Zur Schwane (€€), Hauptstr. 12, Tel. 806660, www.schwane.de
Hotel Turmdieb (€€), Hauptstr. 2, Tel. 806677, www.turmdieb.de
Camping Ankergrund, Fahrerst. 7, Tel. 6713, www.campingplatz-ankergrund.de

2Rad Weissenseel, Im Seelein 14, Tel. 3988, www.zweirad-weissenseel.de

WERTHEIM PLZ: D-97877, Tel. +49 (0)9342

Altstadthotel-Gasthaus Baunachshof (€€), Friedleinsgasse 2, Tel. 913138, www.altstadthotel-wertheim.de
Hotel Löwensteiner Hof (€-€€), Bahnhofstr. 11, Tel. 1259, www.hotel-loewensteiner-hof.de
Campingpark Wertheim-Bettingen, Geiselbrunnweg 31, OT Bettingen, Tel. 7077, www.campingpark-wertheim-bettingen.de

Zweirad-Fachgeschäft Baumann, Nebenneugasse 5
Tel. 1214, www.fahrrad-baumann.de

WÜRZBURG PLZ: D-97070, Tel. +49 (0)931

Central Hotel Garni (€€), Koellikerstr. 1, Tel. 460884-0, www.centralhotel-wuerzburg.de
Hotel Alter Kranen (€€), Kärrnergasse 11, Tel. 35180, www.hotel-alter-kranen.de
Babelfish-Hostel (€€), Haugerring 2, Tel. 3040430, www.babelfish-hostel.de

Fahrradservice bikes & more Körner, Bronnbachergasse 3, Tel. 52340, www.ludwigkoerner.de
Fahrradservice Bikestore Würzburg, Wölffelstr. 1, PLZ: D-97072, Tel. 77039, www.bikestore-wuerzburg.de

Schloss Homburg – Turm und Schlossschänke *Foto: Walter Theil*

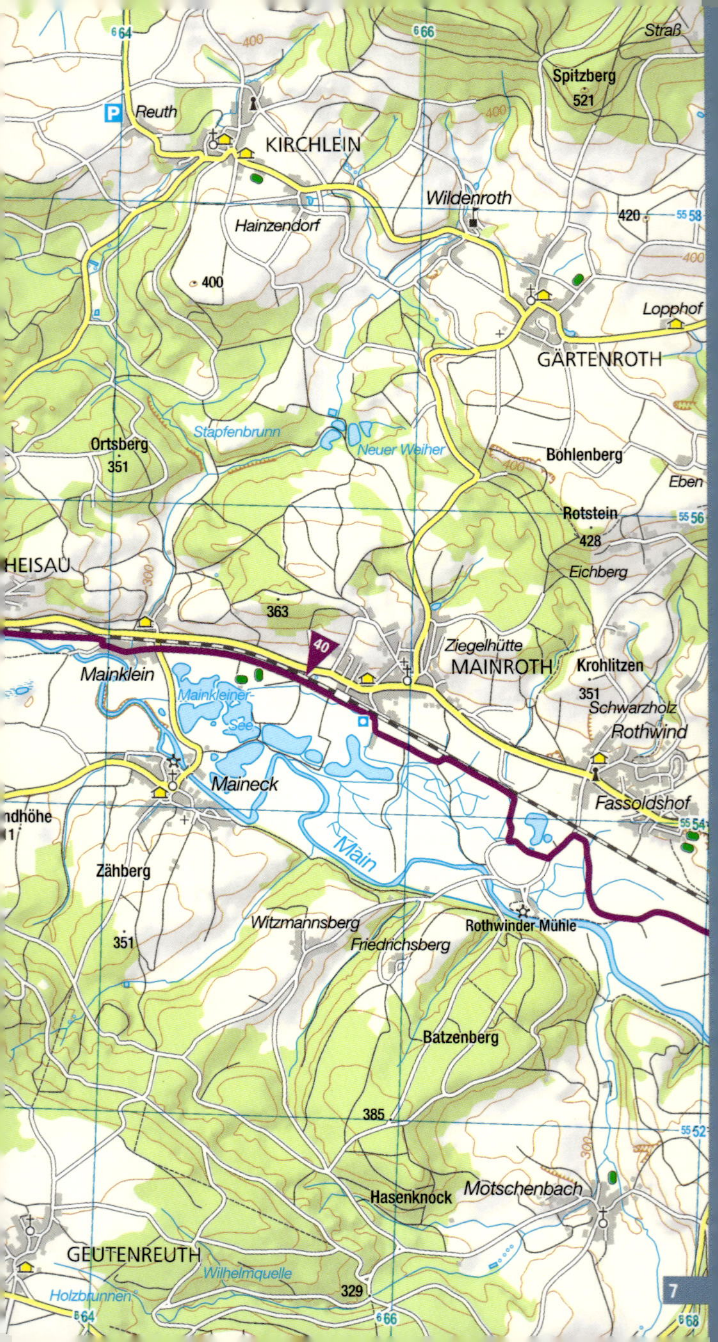
Straß
Spitzberg
521
Reuth
KIRCHLEIN
Wildenroth
Hainzendorf
420
400
Lopphof
GÄRTENROTH
Stapfenbrunn
Neuer Weiher
Ortsberg
351
Bohlenberg
Eben
Rotstein
428
HEISAU
Eichberg
363
40
Ziegelhütte
MAINROTH
Krohlitzen
351
Schwarzholz
Rothwind
Mainklein
Mainkleiner-See
Maineck
Fassoldshof
Main
Zähberg
Witzmannsberg
Friedrichsberg
Rothwinder Mühle
351
Batzenberg
385
Hasenknock
Motschenbach
GEUTENREUTH
Wilhelmquelle
Holzbrunnen
329
7

Obristfeld
660
EBNETH
662
446
Hainweiher
Buchrangen
400
NEUSES
58
Pfaffeggetten
Meuselsberg
WEIDNITZ
319
Deutsches
Schustermuseum
289
Drei Kronen
Trebitzmühle
BURGKUNST
Café Besold
45
Strössendorf
KunoMare
Kalte
5556
357
Straße der Residenzen
Abschnitts-
befestigung
Altenkunstadt
Kienmühle
300
Pfaffendorf
Röhrig
5554
Schneidersknock
319
347
Prügel
Woffendorf
320
Baiersdorf
-Kordigast
536
314
Großer-
Bernreuth
5552
Oberloch
482
Geißberg
351
400
Giechkrötten-
dorf
Lochhaus
Heißberg
Waldstadion
Heurangen
WEISMAIN
Islinger Berg
400
660
NordJURA-Museum
662

KOMPASS
KOMPASS
FAHRRADKARTE
3328
eBike GEEIGNET
Nürnberg
Bamberg
Steigerwald
für Freizeit-Radler, Kilometer-Sammler und eBike-Entdecker
1:70 000
5km
eBike GEEIGNET - wetterfest - reißfest - beschreibbar - entspiegelt
KOMPASS
FAHRRADKARTE
3354
eBike GEEIGNET
Fränkische Schweiz
Kulmbach, Bayreuth
Amberg
für Freizeit-Radler, Kilometer-Sammler und eBike-Entdecker
1:70 000
12km
eBike GEEIGNET - wetterfest - reißfest - beschreibbar - entspiegelt

Kleiner Aßlitz
315
Großer Wildhügel
343
341
Kleiner Wildhügel
Neuensee
Neuensee
Kreuzhof
SCHNEY
Michelau
in Oberfranken
266
Wolfsbrunnen
336
Deutsches
Korbmuseum
Rudufersee
Main
Main
60
OBER-
WALLENSTADT
Michelau i.Ofr.
Krappenroth
Gaabsweiher
Nassanger
Weiher
Turmhügel
Paulusbrunnen
Karolinenhöhe
TRIEB
Friedens-
linde
Gretchenbrunnen
340
385
Heidweiher
Von Creyerz-Ruhe
Degendorf
Krappenberg
443
345
Obersdor
Löwenbrunnen
431
Albertsmarter
400
Fischerbrunnen
MISTELFELD
Prügelberg
366
400
Rehbrunnen
KLOSTERLANGHEIM
ROTH
650
652
5560
5558
5556
5554

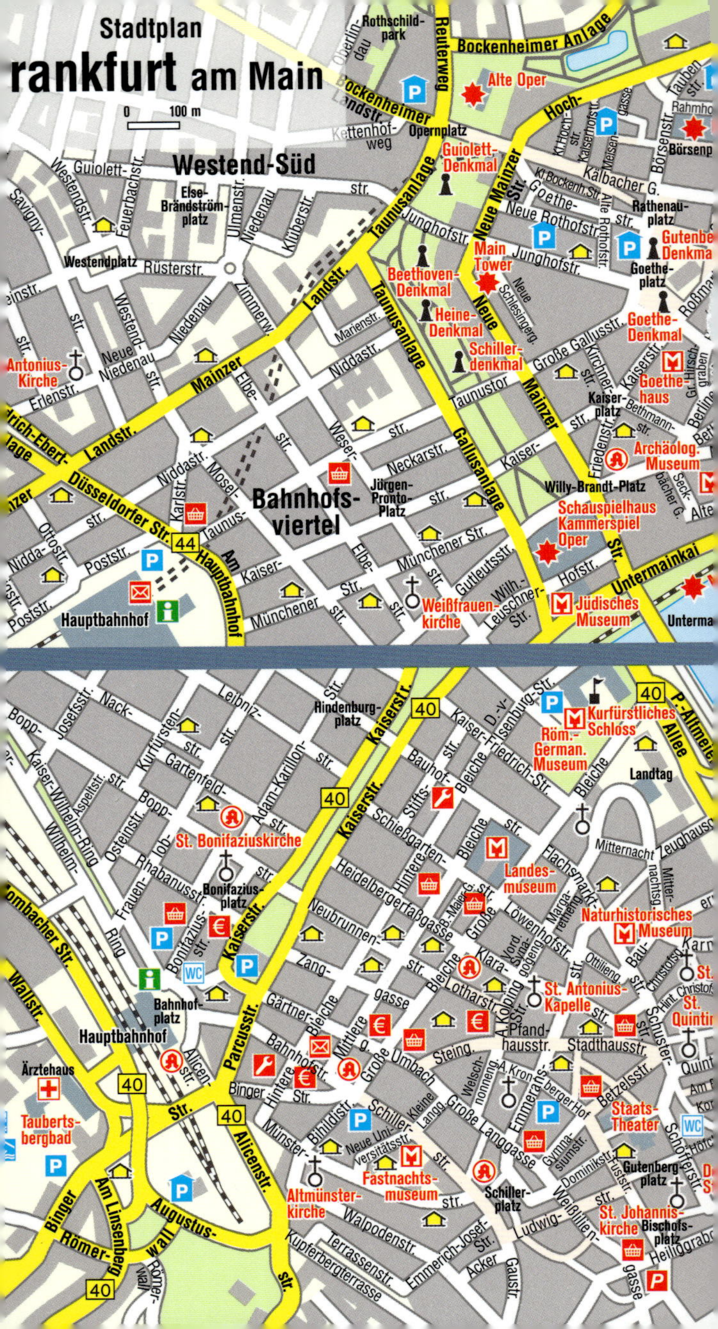

Stadtplan
rankfurt am Main
0 100 m
Westend-Süd
Rothschild-park
Reuterweg
Bockenheimer Anlage
Alte Oper
Bockenheimer Landstr.
Opernplatz
Kettenhofweg
Guiolett-Denkmal
Hochstr.
Börsenplatz
Kälbacher G.
Else-Brändström-platz
Ulmenstr.
Niedenau
Klüberstr.
Guiolettstr.
Westendstr.
Feuerbachstr.
Savignystr.
Taunusanlage
Junghofstr.
Neue Mainzer Str.
Goethestr.
Neue Rothofstr.
Alte Rothofstr.
Rathenauplatz
Gutenberg-Denkmal
Main Tower
Goetheplatz
Westendplatz
Rüsterstr.
Beethoven-Denkmal
Heine-Denkmal
Schiller-denkmal
Goethe-Denkmal
Neue Schlesingerg.
Zimmerweg
Mainzer Landstr.
Marienstr.
Niddastr.
Antonius-Kirche
Erlenstr.
Neue Niedenau
Große Gallusstr.
Kirchnerstr.
Kaiserplatz
Goethehaus
Taunustor
Bethmannstr.
Friedrich-Ebert-Anlage
Weserstr.
Neckarstr.
Gallusanlage
Kaiserstr.
Archäolog. Museum
Düsseldorfer Str.
Moselstr.
Karlstr.
Bahnhofsviertel
Jürgen-Ponto-Platz
Willy-Brandt-Platz
Schauspielhaus Kammerspiel Oper
Ottostr.
Taunusstr.
Poststr.
Am Hauptbahnhof
Elbestr.
Münchener Str.
Gutleutstr.
Hofstr.
Untermainkai
Hauptbahnhof
Weißfrauenkirche
Wilh.-Leuschner-Str.
Jüdisches Museum
44
Hindenburgplatz
40
Kaiserstr.
Kaiser-Friedrich-Str.
D.-v.-Eisenburg-Str.
Kurfürstliches Schloss
Röm.-German. Museum
P.-Altmeier-Allee
Landtag
Nackstr.
Leibnizstr.
Josefsstr.
Bopp-str.
Kurfürstenstr.
Gartenfeldstr.
Adam-Karillon-str.
Bauhofstr.
Stiftsstr.
Bleiche
Kaiser-Wilhelm-Ring
Aspeltstr.
Osteinstr.
St. Bonifaziuskirche
Schießgartenstr.
Hintere Bleiche
Landesmuseum
Flachsmarktstr.
Mitternacht
Zeughausg.
Wilhelm-Ring
Rhabanusstr.
Bonifaziusplatz
Heidelbergerfaßgasse
Naturhistorisches Museum
Frauenlobstr.
Neubrunnenstr.
Löwenhofstr.
Mombacher Str.
Bonifaziusstr.
Zanggasse
Klarastr.
St. Antonius-Kapelle
Ring
Bahnhofplatz
Gärtnergasse
Lotharstr.
Pfandhausstr.
Stadthausstr.
Wallstr.
Hauptbahnhof
Alicenstr.
Mittlere Bleiche
Große Bleiche
Steing.
Schusterstr.
St. Quintin
Ärztehaus
Parcusstr.
Bahnhofstr.
Umbach
Welschnonneng.
Emmeransstr.
Betzelsstr.
Staats-Theater
Taubertsbergbad
Binger Str.
Hintere Bleiche
Schillerstr.
Große Langgasse
Münsterstr.
Neue Universitätsstr.
Fastnachts-museum
Gymnasiumstr.
Gutenbergplatz
Altmünster-kirche
Schillerplatz
Dominikstr.
St. Johannis-kirche
Bischofsplatz
Am Linsenberg
Augustuswall
Walpodenstr.
Ludwigstr.
Weißliliengasse
Römerwall
Terrassenstr.
Emmerich-Josef-Str.
Kupferbergterrasse
Ackerstr.
Gaustr.
Heiliggrab

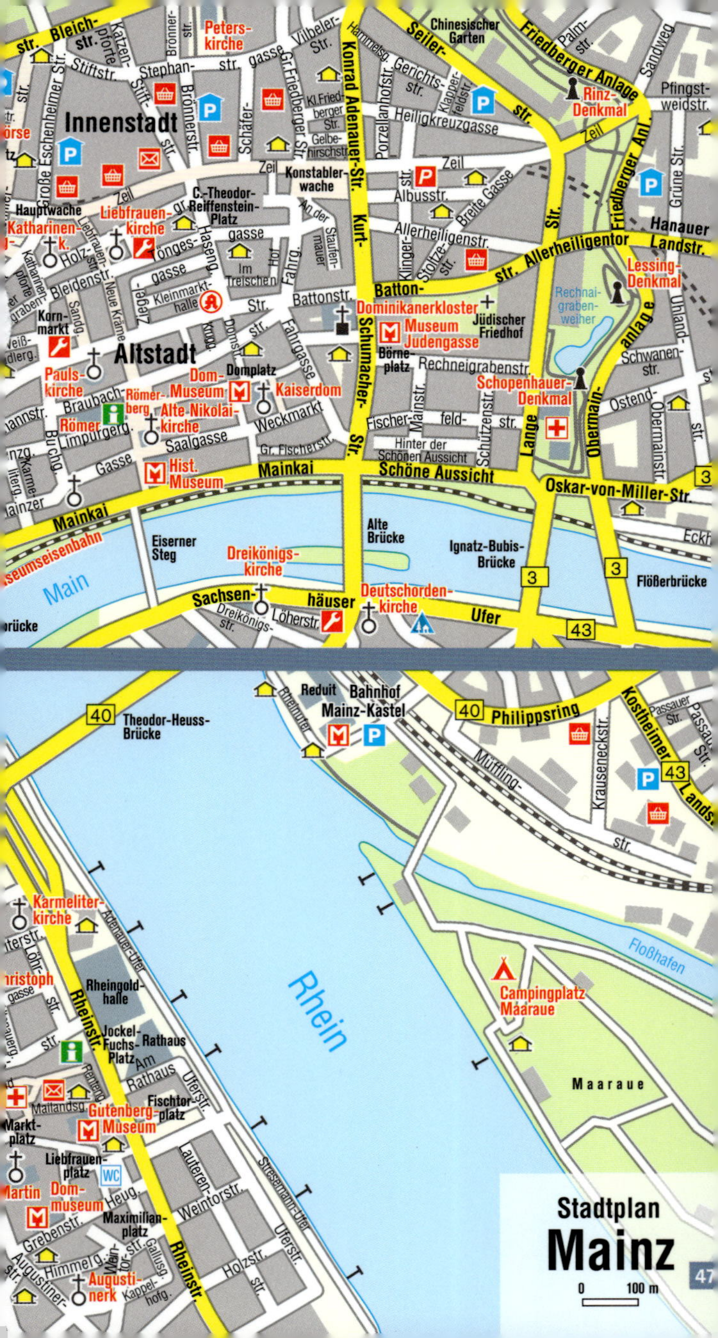

Innenstadt
Altstadt
Bleichstr.
Katzenpforte
Brönnerstr.
Peterskirche
Stiftstr.
Stephanstr.
Stiftstr.
Große Eschenheimer Str.
Schäfergasse
Gr. Friedberger Str.
Vilbeler Str.
Konrad Adenauer-Str.
Kurt-Schumacher-Str.
Hammelsg.
Gerichtsstr.
Seilerstr.
Chinesischer Garten
Friedberger Anlage
Palmstr.
Sandweg
Pfingstweidstr.
Rinz-Denkmal
Klapperfeldstr.
Kl. Friedberger Str.
Gelbehirschstr.
Porzellanhofstr.
Heiligkreuzgasse
Zeil
Konstablerwache
Albusstr.
Breite Gasse
Grüne Str.
Hanauer Landstr.
Hauptwache
Liebfrauenkirche
C.-Theodor-Reiffenstein-Platz
Katharinenk.
Töngesgasse
Hasengasse
An der Staufenmauer
Allerheiligenstr.
Klingerstr.
Stoltzestr.
Allerheiligentor
Lessing-Denkmal
Liebfrauenstr.
Holzgraben
Katharinenpforte
Bleidenstr.
Neue Kräme
Ziegelgasse
Kleinmarkthalle
Im Trierischen Hof
Fahrg.
Battonstr.
Rechneigrabenweiher
Obermainanlage
Uhlandstr.
Kornmarkt
Sandg.
Domstr.
Krug.
Dominikanerkloster
Jüdischer Friedhof
Museum Judengasse
Börneplatz
Rechneigrabenstr.
Schwanenstr.
Weißadlerg.
Paulskirche
Domplatz
Fahrgasse
Dom-Museum
Kaiserdom
Schopenhauer-Denkmal
Ostend-
Obermainstr.
Braubach-
Römerberg
Alte Nikolaikirche
Weckmarkt
Fischerfeldstr.
Mainstr.
Schützenstr.
Lange Str.
Römer
Limpurgerg.
Saalgasse
Gr. Fischerstr.
Hinter der Schönen Aussicht
Buchg.
Karmeliterg.
Gasse
Hist. Museum
Mainkai
Schöne Aussicht
Oskar-von-Miller-Str.
Mainkai
Eiserner Steg
Alte Brücke
Ignatz-Bubis-Brücke
Museumseisenbahn
Main
Dreikönigskirche
Flößerbrücke
Sachsenhäuser Ufer
Dreikönigsstr.
Löherstr.
Deutschordenkirche
3
43
40
Reduit
Bahnhof Mainz-Kastel
Theodor-Heuss-Brücke
Rheinufer
Philippsring
Kostheimer Landstr.
Passauer Str.
Krausenecksstr.
Müfflingstr.
Floßhafen
Rhein
Karmeliterkirche
Adenauer-Ufer
Rheingoldhalle
Rheinstr.
Jockel-Fuchs-Platz
Rathaus
Am Rathaus
Ufterstr.
Fischtorplatz
Mailandsg.
Gutenberg-Museum
Marktplatz
Liebfrauenplatz
WC
Dommuseum
Heug.
Maximilianplatz
Lauterenstr.
Weintorstr.
Stresemann-Ufer
Grebenstr.
Himmelg.
Weintorstr.
Gallusg.
Augustinerk.
Augustinerstr.
Kappelhofg.
Holzstr.
Rheinstr.
Campingplatz Maaraue
Maaraue
Stadtplan
Mainz
0 100 m

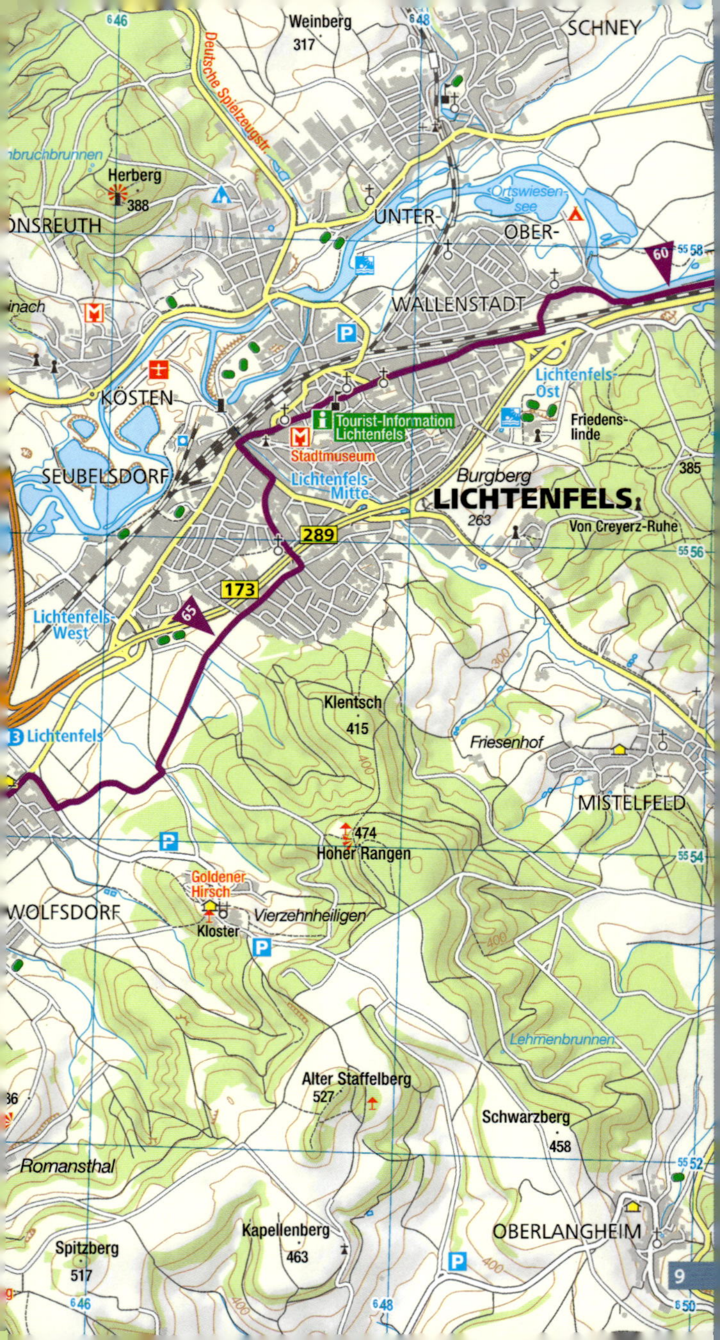
Weinberg
317
SCHNEY
Deutsche Spielzeugstr.
Herberg
388
UNTER-
Ortswiesensee
OBER-
WALLENSTADT
KÖSTEN
Tourist-Information Lichtenfels
Stadtmuseum
Lichtenfels-Ost
Friedenslinde
SEUBELSDORF
Lichtenfels-Mitte
Burgberg
LICHTENFELS
263
385
Von Creyerz-Ruhe
289
173
Lichtenfels-West
Lichtenfels
Klentsch
415
Friesenhof
MISTELFELD
474
Hoher Rangen
Goldener Hirsch
WOLFSDORF
Kloster
Vierzehnheiligen
Lehmenbrunnen
Alter Staffelberg
527
Schwarzberg
458
Romansthal
Kapellenberg
463
OBERLANGHEIM
Spitzberg
517

Zilgendorf
Tiefenroth
Gnellenroth
Untersiemau
11
339
Kulch
484
Banzberge
Banzberg
481
ALTENBANZ
Abtsbrunnen
Hohhöh
475
STETTEN
WEINGARTEN
Steglitz
441
Burgstall
447
Waldklettergarten Banz
Kloster Banz
REUNDORF
Museum Kloster Banz
Forsthaus Banz
Neubanz
Hausen
Reundorfer See
Bootseinstieg
Schönbrunner See
Main
UNNERSDORF
Mahlberg
327
Bootseinstieg
SCHÖNBRUNN
Turmhügel
Porzellanstraße
73
NEDENSDORF
Bootseinstieg
Ostsee
Aquariese
Mittelsee
Westsee
Obermain Therme
Oberau
Bad Staffelstein Kurzentrum
14
Schlammsee
Angerlosesee
BAD STAFFELSTEIN
274
Auwaldsiedlung
262
Bad Staffelstein
15
Sandhof
539
70

Stadtplan Bamberg

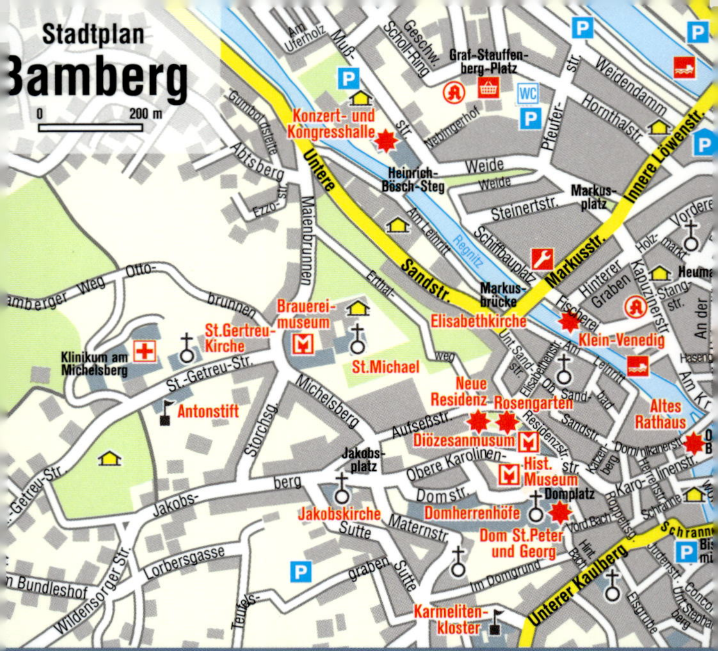

Stadtplan Würzburg

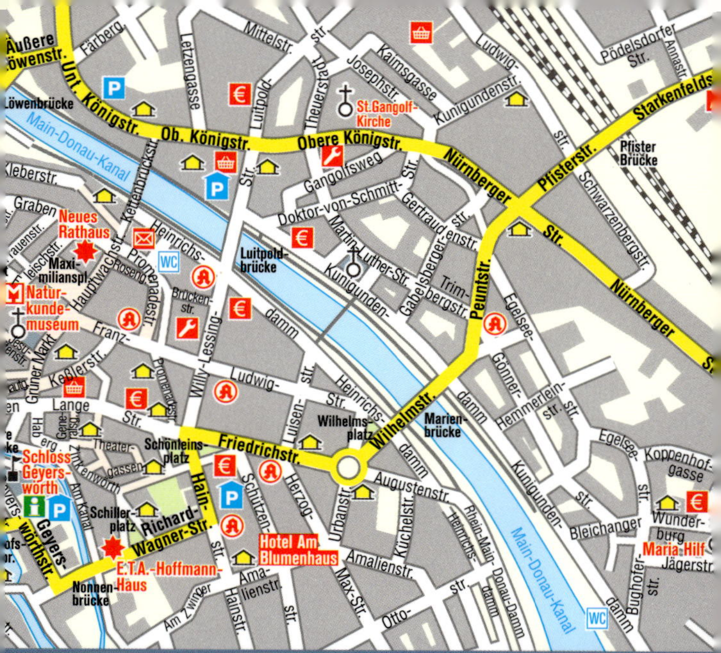
Äußere Löwenstr.
Färberg.
Mittelstr.
Letzengasse
Luitpold-str.
Theuerstadt
Josephstr.
Kaimsgasse
Ludwig-str.
Pödelsdorfer Str.
Annastr.
Starkenfeldstr.
Löwenbrücke
Unt. Königstr.
Ob. Königstr.
Obere Königstr.
St.Gangolf-Kirche
Kunigundenstr.
Main-Donau-Kanal
Nürnberger Str.
Pfisterstr.
Pfister Brücke
Kleberstr.
Gangolfsweg
Gertraudenstr.
Schwarzenbergstr.
Graben
Neues Rathaus
Kettenbrückstr.
Heinrichsdamm
Doktor-von-Schmitt-Str.
Martin-Luther-Str.
Maximiliansplatz
Hauptwachstr.
Rosengasse
Promenadestr.
Luitpoldbrücke
Kunigunden-damm
Gabelsbergerstr.
Trimbergstr.
Peuntstr.
Egelsee-str.
Naturkundemuseum
Brückenstr.
Franz-Ludwig-Str.
Willy-Lessing-Str.
Grüner Markt
Keßlerstr.
Lange Str.
Luisenstr.
Heinrichsdamm
Wilhelmsplatz
Wilhelmstr.
Marienbrücke
Gönnerstr.
Hemmerleinstr.
Habergasse
Theatergassen
Schönleinsplatz
Friedrichstr.
Egelsee-str.
Koppenhofgasse
Schloss Geyerswörth
Zinkenwörth
Am Kanal
Hainstr.
Schützenstr.
Herzogstr.
Urbanstr.
Augustenstr.
Küchelstr.
Heinrichsdamm
Kunigundendamm
Bleichanger
Wunderburg
Schillerplatz
Richard-Wagner-Str.
Geyerswörthstr.
Hotel Am Blumenhaus
Amalienstr.
Rhein-Main-Donau-Damm
Maria Hilf
Jägerstr.
E.T.A.-Hoffmann-Haus
Nonnenbrücke
Am Zwinger
Hainstr.
Max-Str.
Ottostr.
Bughoferstr.
WC

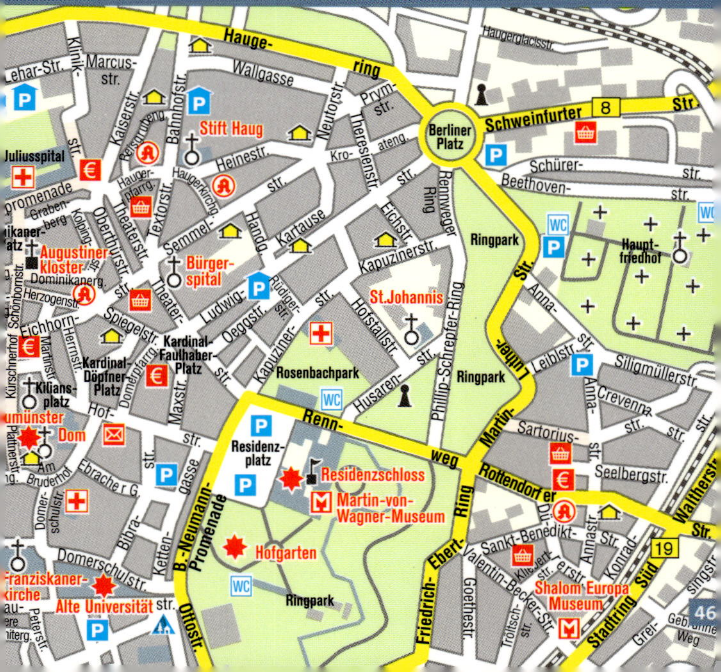
Hauge-ring
Haugerglacisstr.
Klinikstr.
Marcusstr.
Lehar-Str.
Wallgasse
Neutorstr.
Prymstr.
Berliner Platz
Schweinfurter Str.
8
Juliusspital
Kaiserstr.
Bahnhofstr.
Stift Haug
Theresienstr.
Kroateng.
Schürerstr.
Beethovenstr.
Promenade
Haugerpfarrg.
Heinestr.
Haugerkirchg.
Rennweger Ring
Textorstr.
Theaterstr.
Oberthürstr.
Kolpingstr.
Grabenberg
Semmelstr.
Handgasse
Kartause
Eichstr.
Ringpark
Hauptfriedhof
Augustinerkloster
Dominikanerg.
Bürgerspital
Kapuzinerstr.
Herzogenstr.
Schönbornstr.
Ludwigstr.
Rüdigerstr.
St.Johannis
Martin-Luther-Str.
Annastr.
Eichhornstr.
Herrnstr.
Spiegelstr.
Kardinal-Faulhaber-Platz
Oeggstr.
Hofstallstr.
Phillip-Schrepfer-Ring
Kardinal-Döpfner-Platz
Domerpfarrg.
Kapuzinerstr.
Rosenbachpark
Leibistr.
Siligmüllerstr.
Kiliansplatz
Maxstr.
Husarenstr.
Ringpark
Crevennastr.
Neumünster
Dom
Hofstr.
Rennweg
Residenzplatz
Sartoriusstr.
Plattnerstr.
Am Bruderhof
Ebracher G.
Kettengasse
Residenzschloss
Martin-von-Wagner-Museum
Rottendorfer Str.
Seelbergstr.
Walther-Str.
Domerschulstr.
Bibrastr.
B.-Neumann-Promenade
Hofgarten
Ring
Friedrich-Ebert-Ring
Sankt-Benedikt-Str.
Annastr.
Konradstr.
Klingerstr.
19
Franziskanerkirche
Alte Universität
Ringpark
Valentin-Becker-Str.
Shalom Europa Museum
Stadtring Süd
Ottostr.
Goethestr.
Tröltschstr.
Geibelstr.
Gebrüder-Weg
Peterstr.
WC

642
644
Bad Staffelstein
15
539
Staffelsteinhöhle
Sandhof
UNTERZETTLITZ
Porzellanstraße
Eichelsee
Solar-
park
Unterneuses
HORSDORF
5550
LOFFELD
364
Pferdsfeld
73
351
Ebensfeld
255
5548
St. Veits
Brunnen
Ansberg
(Veitsberg)
St.Veit-Kapelle
Sträublingshof
Zobelberg
425
326
Dittersbrunn
16
509
Burgstall
Preßtermühle
Prächting
Kümmel
Kutzenberg
Hahnhof
5546
Ecksteinmühle
300
400
346
Trockenmühle
Eisenberg
Kleukheim
Oberleiterbach
340
5544
Weiße Marter
park

Eggenbach
Erlhof
372
Poppenberg
366
WIESEN
253
Döringstädter Berg
337
Bootseinstieg
Messenfeld
Mönchshof
Döringstadt
264
Nieder
Neudorf
326
Ummersberg
Main
Birkach
342
Oberbrunn
250
80
Unterbrunn
252
Abtenberg
367
Altmainsee
Medlitz
Dornwiesen-
see
Großer
Angersee
Kleiner
Angersee
Unterle
257
325
272
85
300
320
280
6 36
6 38
55 50
55 48
55 46
55 44

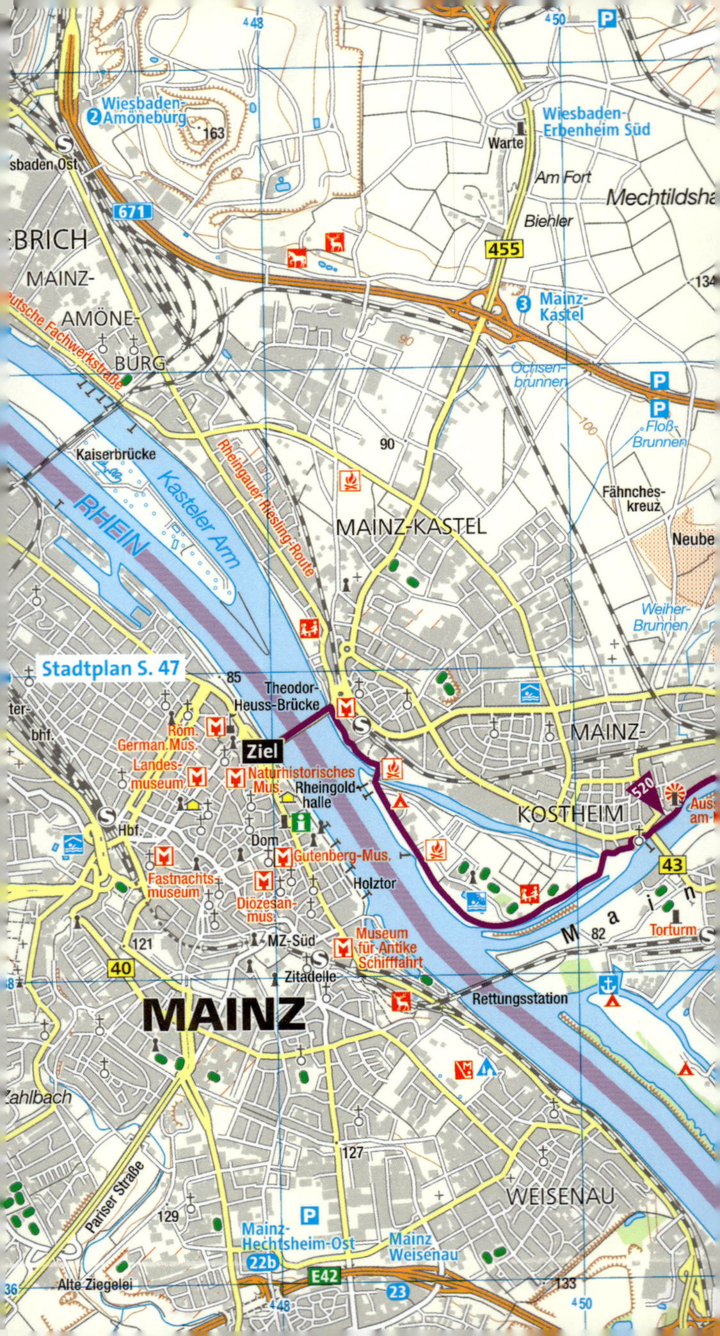
Wiesbaden-Amöneburg
Wiesbaden-Erbenheim Süd
Warte
Am Fort
Mechtildsha
Biehler
sbaden Ost
671
455
BRICH
MAINZ-AMÖNEBURG
Mainz-Kastel
Deutsche Fachwerkstraße
Ochsenbrunnen
Floß-Brunnen
Kaiserbrücke
Kasteler Arm
RHEIN
Rheingauer Riesling-Route
MAINZ-KASTEL
Fähnches-kreuz
Neube
Weiher-Brunnen
Stadtplan S. 47
Theodor-Heuss-Brücke
Ziel
Röm. German. Mus.
Landesmuseum
Naturhistorisches Mus.
Rheingoldhalle
MAINZ-
KOSTHEIM
520
Hbf.
Dom
Gutenberg-Mus.
Holztor
Fastnachtsmuseum
Diözesanmus.
43
Main
Torturm
MZ-Süd
Museum für Antike Schifffahrt
Zitadelle
40
MAINZ
Rettungsstation
Zahlbach
WEISENAU
Pariser Straße
Mainz-Hechtsheim-Ost
Mainz Weisenau
22b
E42
23
Alte Ziegelei

DELKENHEIM
139
Elisabethen-
straße
Straßenmühle
Wickerbachmühle
Gärtnerei
Gartenstadt
Spielpark
Hochheim
Vogelnest
Straße
Mülldeponi
124
40
4
Hochheim-
Nord
Wasserturm
129
Hochheim
Süd
5
HOCHHEIM
am Main
121
515
85
6 Gustavsburg
Bischofsheim
Böcklersiedlung
88
GUSTAVSBURG
671
43
Güter-Bf.
GINSHEIM-
GUSTAVSBURG
84
Mainspitz-
Dreieck
7
26
Peking
Ginsheim-
Gustavsburg
25
Ginsheimer
Sand
Silbersee
Tannenhof
Bischofsheim
27
60
E42
GINSHEIM
45

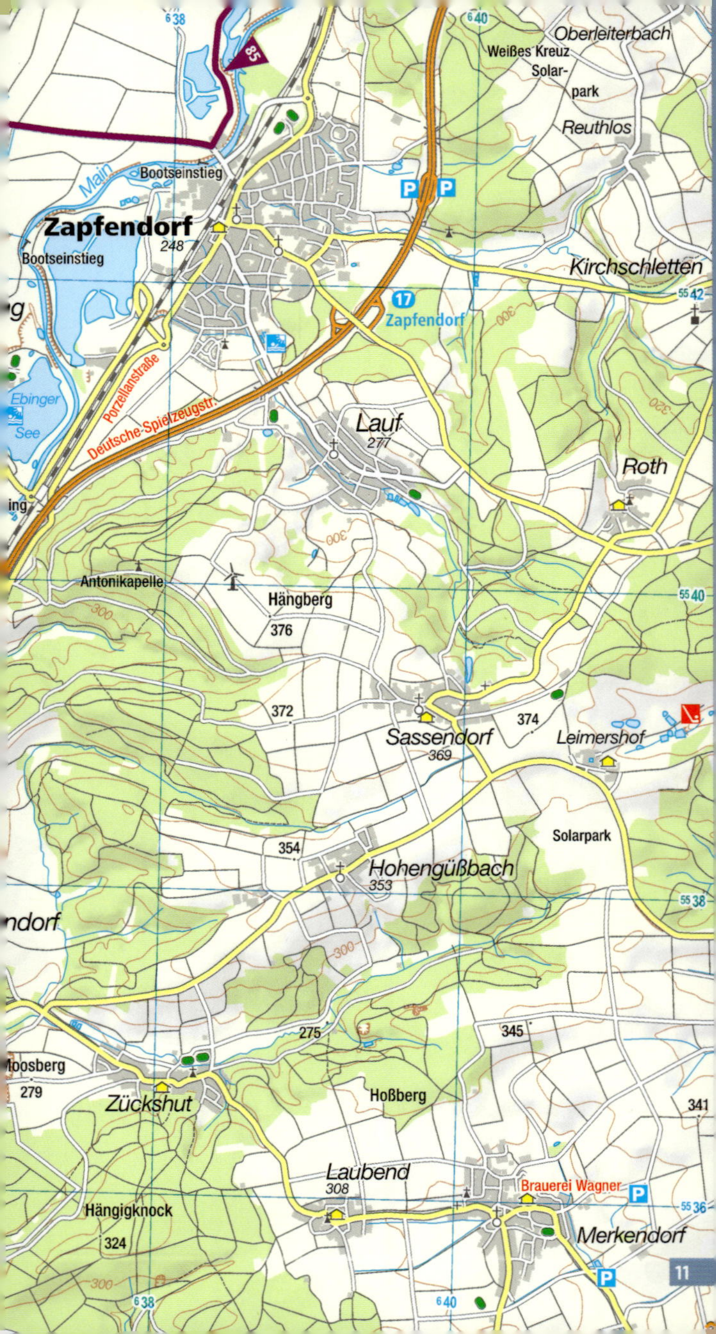
Zapfendorf
248
Bootseinstieg
Bootseinstieg
Main
Ebinger See
Porzellanstraße
Deutsche-Spielzeugstr.
17
Zapfendorf
Oberleiterbach
Weißes Kreuz
Solar-
park
Reuthlos
Kirchschletten
Lauf
277
Roth
Antonikapelle
Hängberg
376
372
Sassendorf
369
374
Leimershof
Solarpark
354
Hohengüßbach
353
345
275
Moosberg
279
Zückshut
Hoßberg
341
Laubend
308
Brauerei Wagner
Merkendorf
Hängigknock
324
300
320
6 38
6 40
55 42
55 40
55 38
55 36

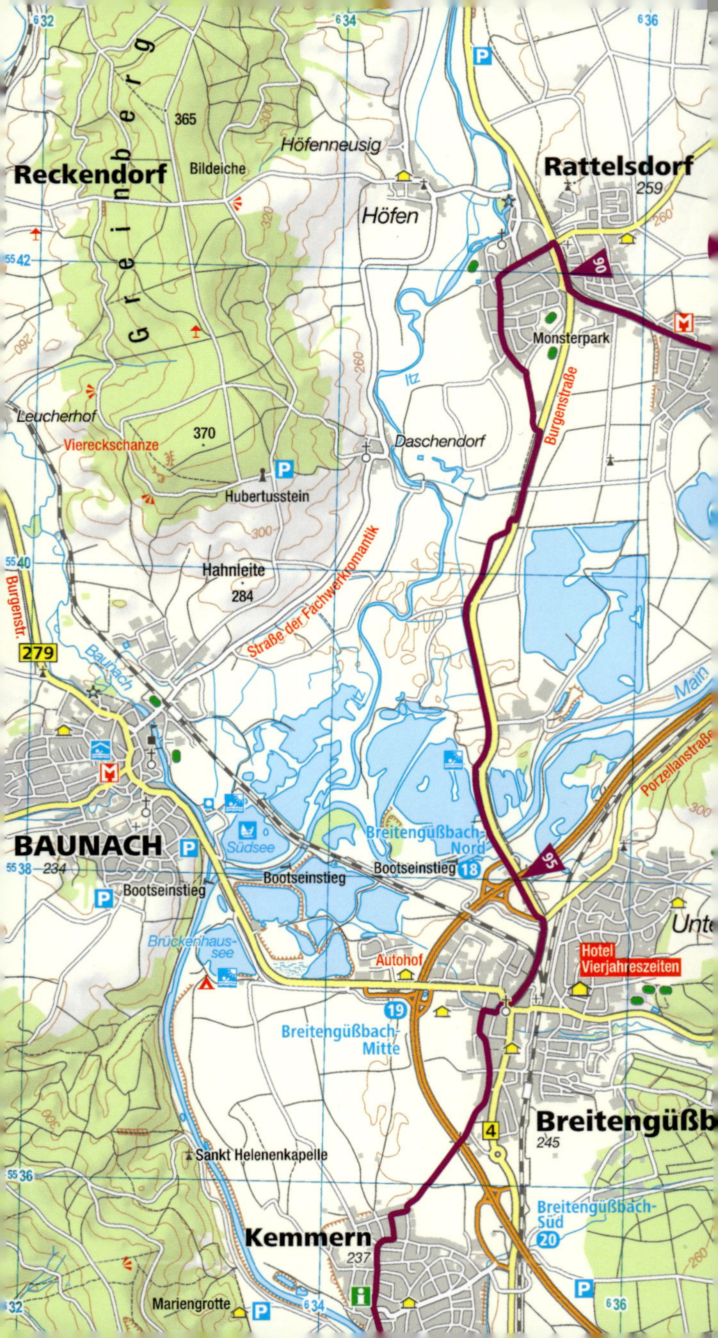

Greinberg
365
Höfenneusig
Reckendorf
Bildeiche
Rattelsdorf
259
Höfen
90
Monsterpark
Itz
Burgenstraße
Leucherhof
Viereckschanze
370
Daschendorf
Hubertusstein
Hahnleite
284
Burgenstr.
Straße der Fachwerkromantik
279
Baunach
Main
Porzellanstraße
BAUNACH
234
Südsee
Breitengüßbach-Nord
Bootseinstieg
Bootseinstieg
Bootseinstieg
18
95
Brückenhaussee
Autohof
Hotel Vierjahreszeiten
19
Breitengüßbach-Mitte
Breitengüßb
245
4
Sankt Helenenkapelle
Breitengüßbach-Süd
20
Kemmern
237
Mariengrotte

DIEDENBERGEN
Wiesbadener Kreuz
47
Hofheim a. Ts.
11
10
Diedenbergen
9
519
WEILBACH
Elisabethen-
straße
MASSENHEIM
Natronquelle
BAD-
WEILBACH
3
E35
Schwefelbrunnen
Gartenstadt
WICKER
Steinmühle
Straßenmühle
40
Weidenmühle
Flörsheimer Warte
Geißberg
FLÖRSHEIM
am Main
Anna-
Kapelle
Wiesenmühle
Eisenbaum
510
43
Obermühle
Falkenberg
Main
ehem.
Festung
Industrie-
museum
RÜSSELSHEIM

Hattersheim-West
11a
462
464
66
98
Rosarium
Tierfarm
OKRIFTEL
96
Haus des Dichters
EDDERSHEIM
Klaraberg
Mönchwaldsee
505
Raunheim
48
43
Airport City West
Main
91
Tanklager
Ölhafenbrücke
Mönchhofschneise
Mönchhof-Dreieck
1
48
Taubengrundschneise
Holzweg
Plauel
Heimatmus.
Flörsheimer Forsthaus
straße
Waldsee
95
Bischofsheimer
Steg-
67
Stein
RAUNHEIM
E35
Lappenschneise
schneise
schneise
Stock-
Hohewart-
Rüsselsheimer OWK-Hütte (nur Zeitweise)
99
93
schneise
Wald-Schwimmbad
Lindensee
Rüsselsheim-Ost
2
462
464

636
638
260
300
322
324
Burgenstraße
316
Weichendorf
5534
Gundelsheim
HALLSTADT
239
17/21
Kreuz Bamberg
Seehof
Lichteneiche
261
Bamberg
16
Altsee
5532
KRAMERSFELD
Stocksee
Boulderhalle Blockhelden
22
Memmelsdorf
GARTENSTADT
73
5530
23
Bamberg-Ost
Spielzeugstraße
Deutsche
Gärtner- und
Volkspark
Natur-
kundemus.
OST
Sammlung
Ludwig Bamberg
Schaukräutergarten
stillgelegt
E.T.A.-Hoffmann-Haus
Burgenstraße
INSEL-
GEBIET
5528
Roßdorfer Höhe
Sternwarte
Theresienhain
GEREUTH
Luisenhain
636
638
640

632
634
Kemmern
237
Mariengrotte
Leicht's Keller
Einsiedlerbrunn
Mönchsweiher
300
384
Hütsee
Bootseinstieg
5534
Kreuzberg
367
260
Oberhaid
DÖRFLEINS
Straße der Fachwerkromantik
5532
235
Main
Säugriessee
SIECHHAUS
70
E48
14
Bamberg-Hafen
Bootseinstieg
105
Regnitz
5530
Bischberg
245
GAUSTADT
243
Vogelberg
319
Sylvanersee
296
299
Rothhof
Ottobrunnen
Philosophenweg
Brauerei-mus.
Rosengarte
BAMBERG
5528
260
Stadtplan S. 46
Kindleinseiche
382
632
634

466
468
Kinopolis
Main-
Taunus-
Zentrum
Ffm.-
Höchst
16
SOS
111
96
Kelkheim
15
UNTER-
LIEDERBACH
HÖCHST
66
Porzellan-
museum
Jahrhunderthalle
Main
104
100
Industriepark
Frankfurt-Höchst
495
40
93
NDLINGEN
Hafen
Waldspielpa
Schwanhe
40
94
schneise
Lang-
Ffm.-
Sindlingen
93
500
110
KELSTERBACH
43
Südpark
107
Kelsterbach
49
466
468

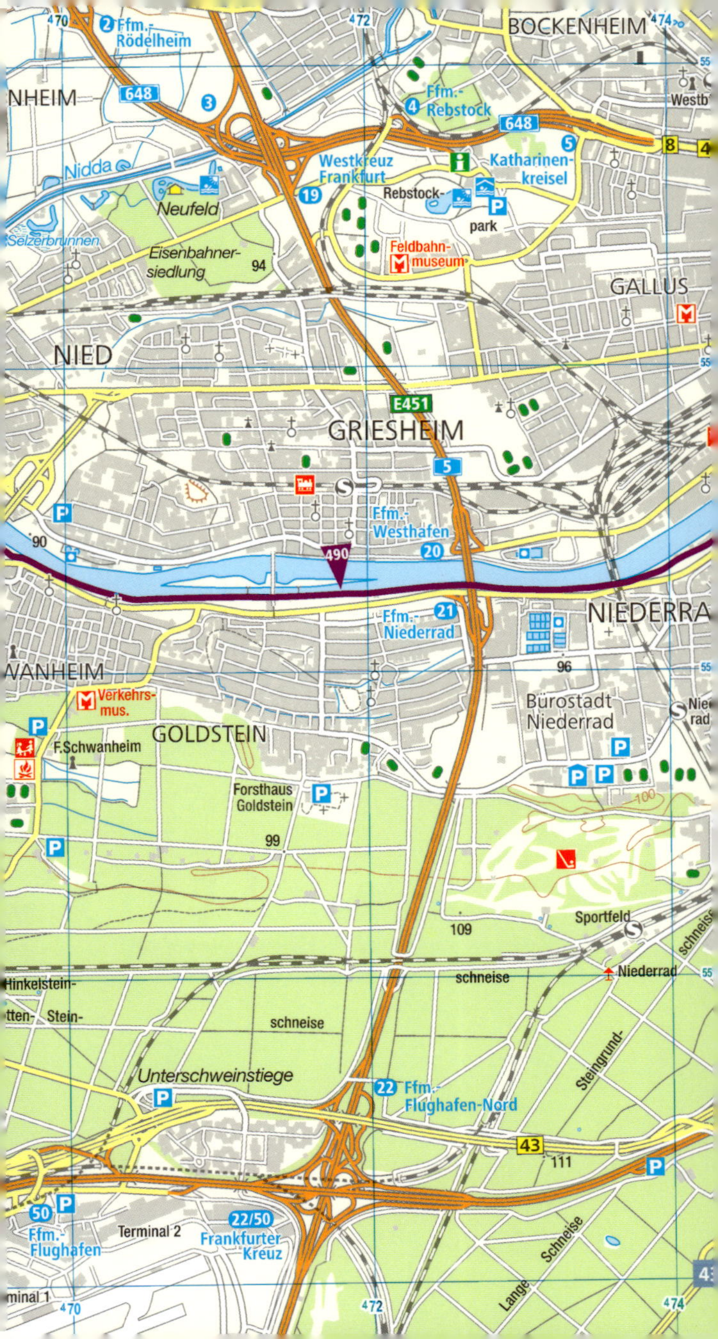

470
Ffm.-Rödelheim
472
BOCKENHEIM
474
NHEIM
648
Ffm.-Rebstock
Westb
Westkreuz Frankfurt
Katharinen-kreisel
8
Nidda
Neufeld
19
Rebstock-park
Selzerbrunnen
Eisenbahner-siedlung
94
Feldbahn-museum
GALLUS
NIED
E451
GRIESHEIM
5
Ffm.-Westhafen
20
90
490
21
Ffm.-Niederrad
NIEDERRA
96
WANHEIM
Verkehrs-mus.
Bürostadt Niederrad
GOLDSTEIN
F.Schwanheim
Forsthaus Goldstein
100
99
Sportfeld
109
Hinkelstein-
Stein-
schneise
Niederrad
Unterschweinstiege
Steingrund-
22
Ffm.-Flughafen-Nord
43
111
50
Ffm.-Flughafen
Terminal 2
22/50
Frankfurter Kreuz
Schneise
Lange
minal 1
474

Lauter
269
Appendorf
Zentberg
Sandhof
Haussee
Mönchsweiher
317
Eichenrangen
Steinernes
Kreuz
Sauknock
Solarpark
Oberhaid
Unterhaid
Viereth-Trunstadt
13
Bootseinstieg
26
110
70
E48
Main
Bootseinstieg
Viereth-
249
Trosdorf
258
331
Tütschengereuth
331 Solarpark
Straße
Weipelsdorf
300
280
260
628
630
5536
5534
5532
5530

Stettfeld
Silbersandhöhle
ESCHENBACH
Hühnerberg
316
DIPPACH
am Main
230
Vogel-
beobachtungs-
turm
Main
Mittelmühle
Staffelbach
Altersberg
ROSSSTADT
Bootseinstieg
115
Geißleinsbrunnen
Steinklingenbrunnen
Tieftalbrunnen
LEMBACH
Ritterschloss
Weinberg
Messinger
Herrgott
-Trunst
247
Mühlberg
346
Stückbru
Kirchaich
363
Im Nußbach
Kohlberg
Nützelbach
Rote Marter
363
Priesendorf
297
Priesendorfer Weiher
Weißmühle
Neuhausen
356
Neumühle
Trabelsdorf
288

GINNHEIM
Europaturm
Ffm.-Miquelallee
Hessischer Rundfunk
Haupt-friedhof
Stadtplan
NORD
USEN
Grüne-burg-park
Palmen-garten
FRANKFURT am Main
Westbf.
Universität
Alte Oper
Main Tower
Stoltze-Museum
Schirn-Kunsthalle
Dommuseum
Dom
Römer
Messe-gelände
Messe-turm
Hammermus.
Caricatura
Hist. Museum
Eiserner Steg
Haupt-bahnhof
Museums-ufer
Mus. für Angewandte Kunst
ALLUS
Holbeinsteg
Filmmus.
Architekturmus.
GUTLEUT-VIERTEL
Städel Mus.
Südbhf.
Main
Licht- u. Luftbad Niederrad
Warte
NIEDERRAD
Galopp-renn-bahn
Waldspielpark Louisa
Frankfurt-Louisa
Nieder-rad
Lerchesberg
Körnereiche
Königsbrunnen
Jacobiweiher
Sport-museum
Forsths. Tiroler Hütte
Waldschulheim

SECKBACH
ENKHEIM
Huthpark
Sausee
Boulderhalle Dynochrom
Riederwald-Stadion
Waldspielpark Fechenheim
Ffm.-Bergen-Enkheim
Vogelschutzwarte
Kletterhalle T-Hall
BORNHEIM
Volksbank-Stadion
Eissport-halle
Ffm.-Ost
Ost-park
Oberhafen
FECHENHEIM
Hafen
Ffm.-Ost
Dialogmuseum
Osthafen
KAISERLEI
Offenbach-Kaiserlei
OBERRAD
Leder- u. Schuhmuseum
Hauptbf.
Offenbach-Taunusring
Waldfriedhof
SACHSENHAUSEN
Goetheturm
Waldspielpark Goetheturm
Waldspielpark Scheerwald
Wolfstränke
LAUTERBORN
Goethe-schneise
Klepper-weg
Klepper-tränke
Wendels-weg
Buchrain-weiher
Maunzen-weiher
ROSENHÖHE
schneise
Grastränk-schneise
Becker-schneise
Gras-tränke
Offenbacher Kreuz
Langschneise
Kalte Kling Schneise
Sprendlinger Weg
Heusenstammer Straße

618
620
347
Passmühle
rechts des Baches
300
335
5542
Breitbrunn
Schönbachsmühle
Finkenmühle
378
stbrunnen
Schönbach
Kirchberg
362
5540
Steinberg
Steinbach
Gleisenau
Mohrenberg
Limbacher Baggersee
Ebelsbach
228
336
5538
70
E48
Eltmann
12
26
Sportanlage
Mainhalbinsel
120
Bergkapelle
Feilsberg
Wallburg
Ruine
Wallburg
ESCHENBACH
ELTMANN
237
Steigerwald-Höhenstraße
341
Haus
am Wald
5536
Vorderbreitberg
320
618
620

614
616
Höhe
311
290
340
Str. der Fachwerk-
romantik
5542
351
Schleifberg
Mittelmühle
340
ZEIL a.Main
236
Hexenturm
Kapellenberg
360
Zuckersee
130
Ober Ho
Krimmers-
wörtsee
SCHMACHTENBERG
369
5540
Sander
ZIEGELAN
Hochrheinsee
Bagger-
Sander
Baggersee
Main
Sandwörth
Weidenmühle
see
Steigerwald-Höhenstraße
Sand
am Main
227
Goger
125
Maria-Limbach
Spitzberg
5538
260
319
LIMBACH
Hermannsberg
Hufnagelbr.
383
Ebersberg
445
5536
Studentenbrunnen
Ruine Ebersberg
400
Schlegl
614
616

MAINTAL
138
183
Distelberg
Hessische
Apfelweinstraße
116
BERGEN-
Weinberg
BISCHOFSHEIM
Ried-
teich
102
Gänse-
weiher
ENKHEIM
34
Maintal-
Dörnigheim
66
33
Maintal-
Bischofsheim
Waldsee
Waldspielpark
Fechenheim
Bischofsheim
Rumpenheim
102
8
Schleuse
Mainkur
470
Main
Ffm.
Mainkur
Schultheis-
weiher
Hotel-Res
"Zur M
Wetterhalle
Hall
RUMPENHEIM
101
Biebernsee
100
Rote Warte
BÜRGEL
475
WALDHEIM
ECHENHEIM
Brückfeld
43
OF-Ost
127
Schneckenberge
OFFENBACH
am Main
Käsmühle
schneise
Rupp-
448
Wald-
park
Buchhügel
121
Wetterpark
111
448
BIEBER
120
484
486

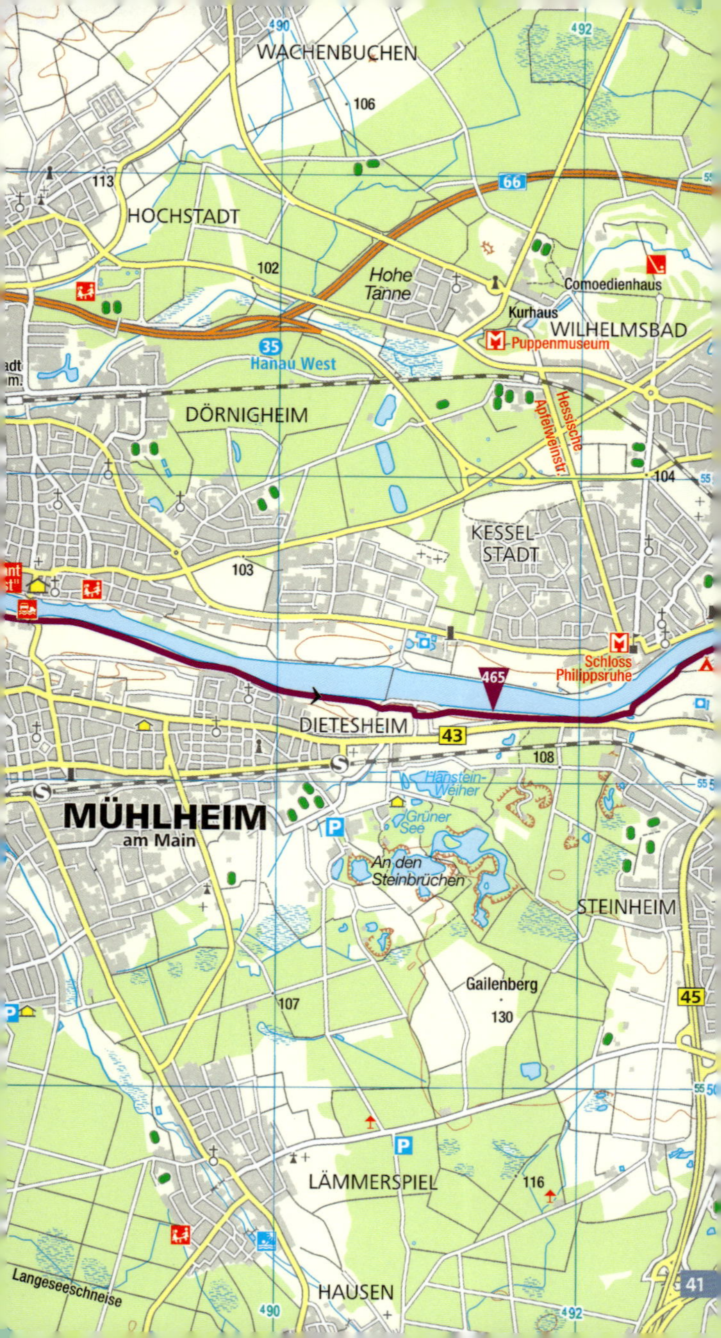

WACHENBUCHEN
106
HOCHSTADT
113
102
Hohe Tanne
Comoedienhaus
Kurhaus
WILHELMSBAD
Puppenmuseum
66
35
Hanau West
DÖRNIGHEIM
Hessische Apfelweinstr.
104
KESSEL-STADT
103
Schloss Philippsruhe
465
DIETESHEIM
43
108
Hanstein-Weiher
MÜHLHEIM
am Main
Grüner See
An den Steinbrüchen
STEINHEIM
Gailenberg
130
45
107
LÄMMERSPIEL
116
HAUSEN
Langeseeschneise
490
492

608
610
612
HOHENRIED
OBERHOHENRIED
PRAPPACH
Herren-
mühle
285
5546
Straße der Fachwerkromantik
Mordstein
343
Rappberg
263
Solar-
park
HASSFURT
258
225
5544
Baumbühl
243
135
Ritter-
kapelle
Schutzhafen
Galgen-
feldsee
Goger
Kleinaugsfeld
Maria-
burghauser
See
220
Lautensee
AUGSFELD
5542
hausen
Steigerwald-Höhenstraße
Elfensee
Katzensee
250
Messelau-
see
Main
Zuckersee
Staustufe Knetzgau
5540
Hainert
70
E48
Knetzgau
238
240
Hochrheinsee
Steinberg
267
Siechen-
kapelle
234
Weidenmühle
Neumühle
Droßberg
5538

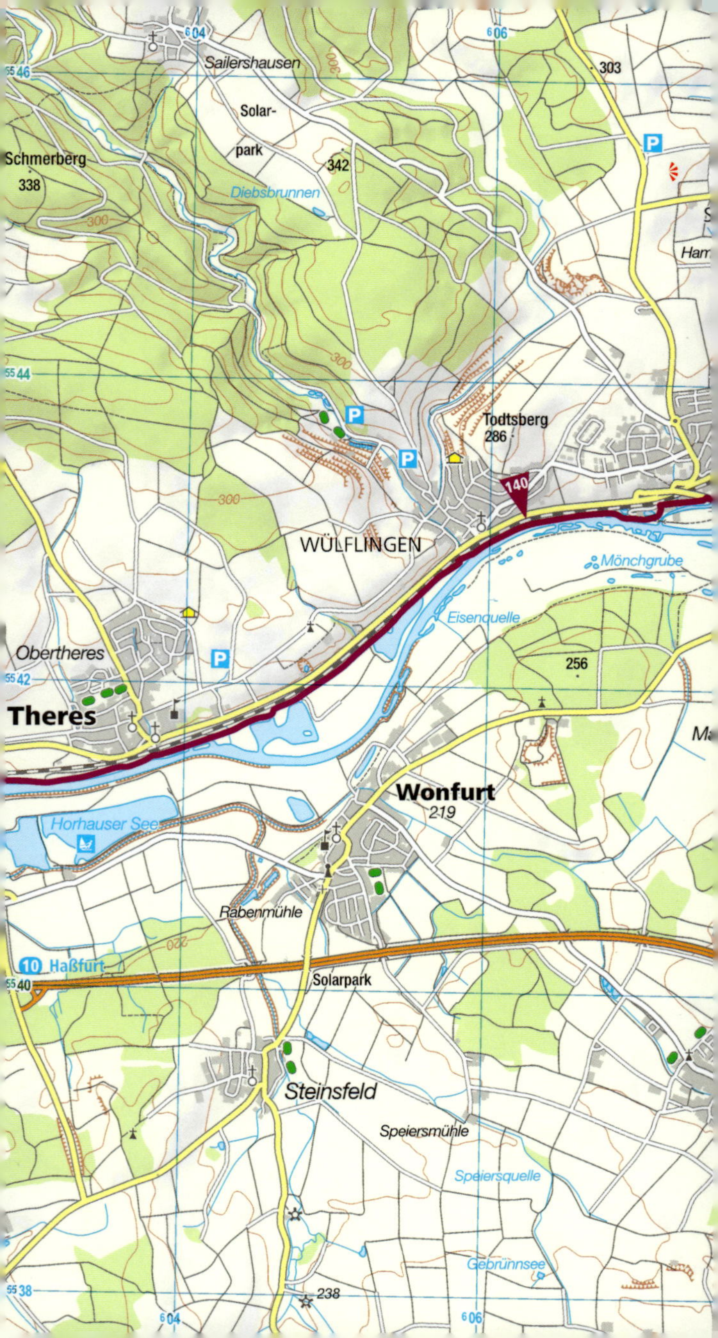

604
606
5546
Sailershausen
303
Solar-
park
342
Schmerberg
338
Diebsbrunnen
300
Ham
5544
Todtsberg
286
140
WÜLFLINGEN
Mönchgrube
Eisenquelle
Obertheres
256
5542
Theres
Wonfurt
219
Horhauser See
Rabenmühle
220
10 Haßfurt
5540
Solarpark
Steinsfeld
Speiersmühle
Speiersquelle
Gebrünnsee
5538
238

INNENSTADT
HANAU
Hbf.
STEINHEIM
Kulturhalle
Museum Schloss Steinheim
Museumseisenbahn Hanau
GROS
Kunstraum69
KLEIN-AUHEIM
Hellenhütte
Tistrasee
Waldschloß
Kraftwerk Staudinger
Jagdhaus Alte Fasanerie
Hess. Forstmuseum
Wildpark Alte Fasanerie
Hainstadt
Hauptschneise
Main
Hainburg
Hausplatz
Oberförsterschneise
Frankfurter Schneise
Leinritt-schneise
Weiskircher Weg
Urichschneise
Lange Schneise
Tannenhof
FROSCHHAUSEN
Hanau
Raststt. Weiskirchen
460
455
43
43a
45
494
496
105
104
107
112
127

498
500
502
108
WOLFGANG
Dt. Limesstraße
Neuwirtshaus
Wanderheim
UHEIM
118
45
E41
107
Limes
Quellwasserwerk
Alzenau-Nord
44
Emmerichshofen
114
Schloss Emmerichshofen
Schloßsee
Lindensee
Groß-
krotzenburg
Forelle
Ostsee
Frei-gerichtseen
Wirtshaus am See
ngehöft
Kahlgrundbahn
Kahl
Römerkastell
Sandmühle
Kahl a. Main
110
Neufelssee
Emma Nord
Emma Süd
KLEIN-KROTZENBURG
Unt. Fallermühle
Wasserturm
Kahler See
Vorspessart seen
109
Am Leinritt
Dörfler
Hörsteiner See
Dt. Fachwerkstraße
Dt. Limesstraße
Großwelzheimer Badesee
Langensee
450
Gustavsee
40

600
602
5546
Schmerberg
338
Buch
380
406
Bucher Höhe
Schechberg
382
360
5544
359
Steinberg
320
Greßhausen
300
Weichselberg
280
Wagenhausen
300
294
Obertheres
endorf
5542
Freizeitanl.
Theres
Fränkische Bierstraße
Untertheres
145
Main
Horhauser See
Wilder See
Steinsmühle
Horhausen
Haßfurt
10
5540
262
Bergbrünnlein
Solar-
park
260
Dampfach
Pusselsheim
600
602

5546
594
596
598
Galgenberg
365
Waldsachsen
Kreuzberg
355
Schonungen
Hardberg
Ludwigsberg
338
5544
Forst
Steinberg
Bayerhof
303
280
300
Gädheim
231
Eichelberg
298
240
Weyer
5542
Zur Krone
150
260
240
9
Schonungen
Gädheim
Güterbahnhof
Untereuerheim
70
E48
5540
265
Obereuerheim
240
Grettstadt
232
Rathaus
5538
594
596
598

498
500
502
450
Gustavsee
Langensee
Großwelzheimer Badesee
Großwelzhei
hwald
Fastnachts-museum
Kaiserpfalzruine
108
ehem. Kloster
Einhardsbasilika
Wasserturm
Regio Museum
Halle
445
ELIGENSTADT
KLEINWELZHEIM
Mainflingen
110
Deutsche Limesstraße
nderheim
113
lache
Mainhausen
Königsee
Zellhausen
Sendeanlage
40
Wegschneise
3
E42
48
Mainhausen
137
Dt. Fachwerkstraße
49
Brückbrunnen
5538
56
Seligenstädter Dreieck
Ober-
forstmeisterschneise
Stockstädter
Eckschneise
Eidmannseiche

örsteiner
See
504
506
227
HÖRSTEIN
Hotel Käfernberg
Engelsb
120
Weidbrunnen
Dettingen
a. Main
46
Karlstein
Kartstein
Belvedere
rche St.Peter u.Paul
Karlstein
a.Main
225
Heimat-
museum
Wanderheim
45
E41
Häuserackerhof
Heißerackerhof
Eichelberg
149
Schluchthof
Kleinostheim
47
Rückersbacher
Schlucht
Waldstadt
Ochsenkopf
200
108
Greifvogelstation
166
Jägerhaus
Kleinostheim
112
Waldrand-
siedlung
Main
440
Dt. Limesstraße
Stockstädter
Baggersee
469
124
113
Solarpark
Autohof
Aschaffenburg-W.
58
E41
3
Main-
aschaff
114
Mainparksee
Moldenbrunnen
57
Stockstadt
8
39

590
592
594
DEUTSCHHOF
Hausen
rzentrum
320
300
Papiermühle
OCHFELD
Mainberg
Deutschmühle
Kaltenhof
5546
Ludwigsbrunn
Main
Fährhaus
Alter Main
155
SCHWEINFURT
225
Schonunger Bucht
Schonungen
Reichelshof
5544
lder See
Sennfeld
Mönchberg
278
Mölkenbrunnen
8 Gochsheim
E48
70
Weyer
urt
220
5542
Gochsheim
237
Reichs-
dorfmuseum
Lehrgarten Kräuter,
Kraut u. Rüben
Schwebheimer
Tor
Sportflugplatz
stillgelegt
5540
Aschenhof
590
592
594

Dittelbrunn
Niederwerrn
HAAR
Silvana
GARTENSTADT
Rollschuh- u. Eishalle
303
Schweinfurt-Stadt
Kunsthalle
Museum
BERGL
Wern
Saumain
Güterbh
Hauptbhf.
286
OBERNDORF
HAFEN
Main
Schweinfurt/ Bergrheinfeld
4
165
Autohof
6
Schweinfurt-Hafen
Schweinfurter Baggersee
Kletterwald am See
Bergrheinfeld
206
Grafenrheinfelder Badesee
Senftenhofsee
Fährhaus
Kultur-halle
Kirchenschatz-Museum
Grafenrheinfeld
208

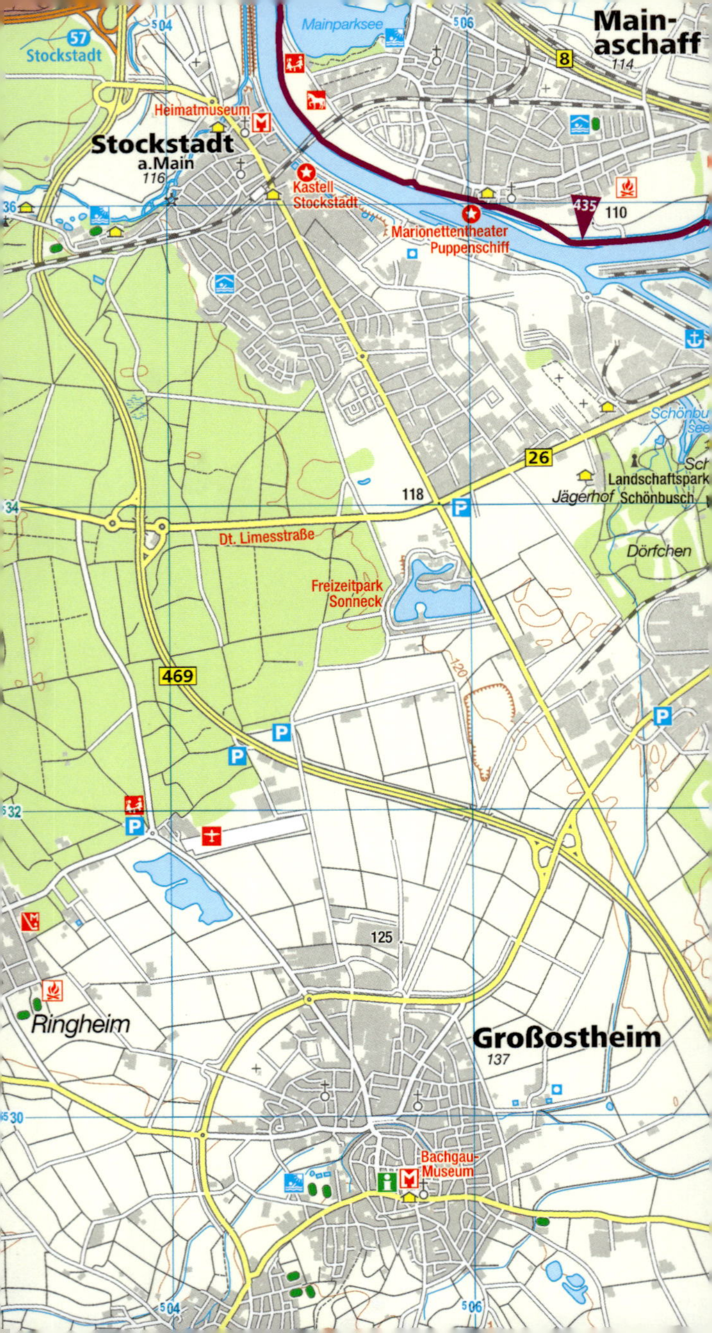

Main-
aschaff
114
8
Mainparksee
506
504
57
Stockstadt
Heimatmuseum
Stockstadt
a.Main
116
Kastell
Stockstadt
Marionettentheater
Puppenschiff
435
110
36
Schönbu
see
26
Landschaftspark
Jägerhof Schönbusch
Dörfchen
118
34
Dt. Limesstraße
Freizeitpark
Sonneck
120
469
32
125
Ringheim
Großostheim
137
30
Bachgau-
Museum
504
506

WALD
DAMM
26
Hotel Pfaffenmühle
Fasanerie
Zeugha
ey Cage
Pompejanum
Main
Schloss Johannisburg
LEIDER
Schloss-mus.
Naturwissenschaftliches Museum
ASCHAFENBURG
430
Südbhf.
115
NILKHEIM
sch
Automuseum Rosso Bianco
Wanderheim
Limesstraße
160
SCHWEINHEIM
Nilkheimer Hof
Sternberg
256
Erbig
285
200
OBERNAU
Mariengrotte
Breitenbrunnen
425
115
Wanderheim
Maria-Frieden
Wanderheim Fidelio
Elbertsbrunnen
Staustufe Obernau
Main
155
Altenbachsmühle
Sulzbach am Main
120
Sand
Niedernberg
114

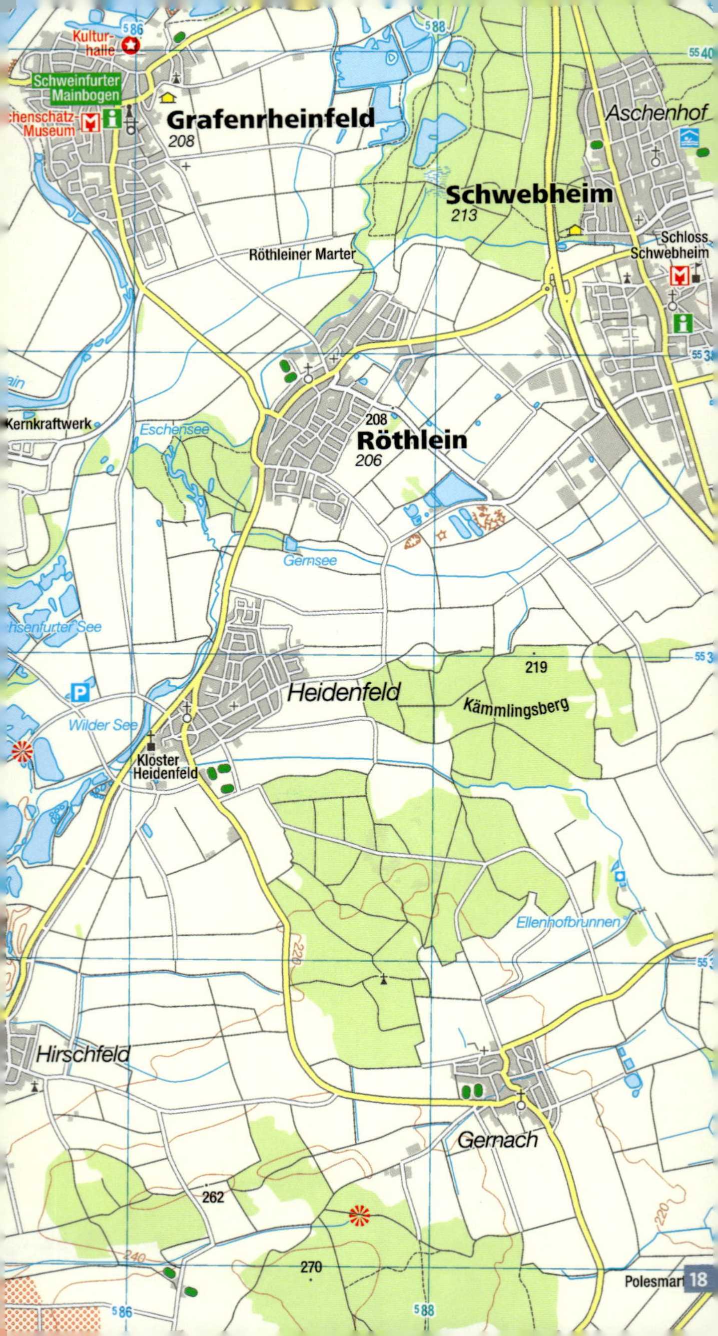

Kultur-
halle
Schweinfurter
Mainbogen
chenschatz-
Museum
Grafenrheinfeld
208
Aschenhof
Schwebheim
213
Schloss
Schwebheim
Röthleiner Marter
Kernkraftwerk
Eschensee
208
Röthlein
206
Gemsee
chsenfurter See
Wilder See
Heidenfeld
219
Kämmlingsberg
Kloster
Heidenfeld
Ellenhofbrunnen
220
Hirschfeld
Gernach
262
270
240
220
Polesmart
586
588

Werneck
221
242
Wern
Felsenhof
Solar-
park
Ettleben
Wiesenhaus
225
170
Main
Hühnerberg
243
Ochsenquelle
Ettlebener Mühle
EW Staustu
Garstadt
Ettlebener Höhe
Garstadt
261
Schweinfurter Höhe
Wassersportzent
Waigolshausen
245
Hergolshausen
Hafen
243
250
Roter Berg
Dächheim
Gut
175
240
Theilheim
260
Hirschfelder
Wehr
282
Riedhöhe
280
280
Pfarreienkreuz
Luisenhöhe
582
584

508
Sand
Niedernberg
114
510
469
Alte Ziegelei
28
122
Höhenberg
224
St. Wendelin
Wendelinshof
Dachsberg
231
Nasenberg
Deutsche-Limesstraße
124
26
149
Höhe
247
Dörnberg
251
Groß-wallstad
Neidberg
284
24
Römerschanze
Kirchenhöhe
Altmauerhöhe
301
Mömlingen
Dietersberg
Wanderheim
Hasenstockberg
256
Mainhöllenberg
201
22
Reuschenberg
243
Fachwerkstr.
Lauterhof
OBERNBURG
am Main
178
Römerbau
Neustädterhof
508
510

512
514
280
Buchenmühle
Ebersbach
Wanderheim
230
Hoheberg
Zieglerberg
Leidersbach
186
Kleinhockenhöhe
269
Waltersberg
157
Dornau
200
Pisamberg
225
205
Eichelhöhe
Salzlackenberg
Geißberg
Dörnetshöhe
292
275
Plattenberg
200
Kirchhöhe
281
126
Klein-
wallstadt
Hausen
203
200
Hofstetten
186
130
Hochberg
Heinchsthöhe
315
Elsenfeld
200
300
Kreuzmühle
512
514

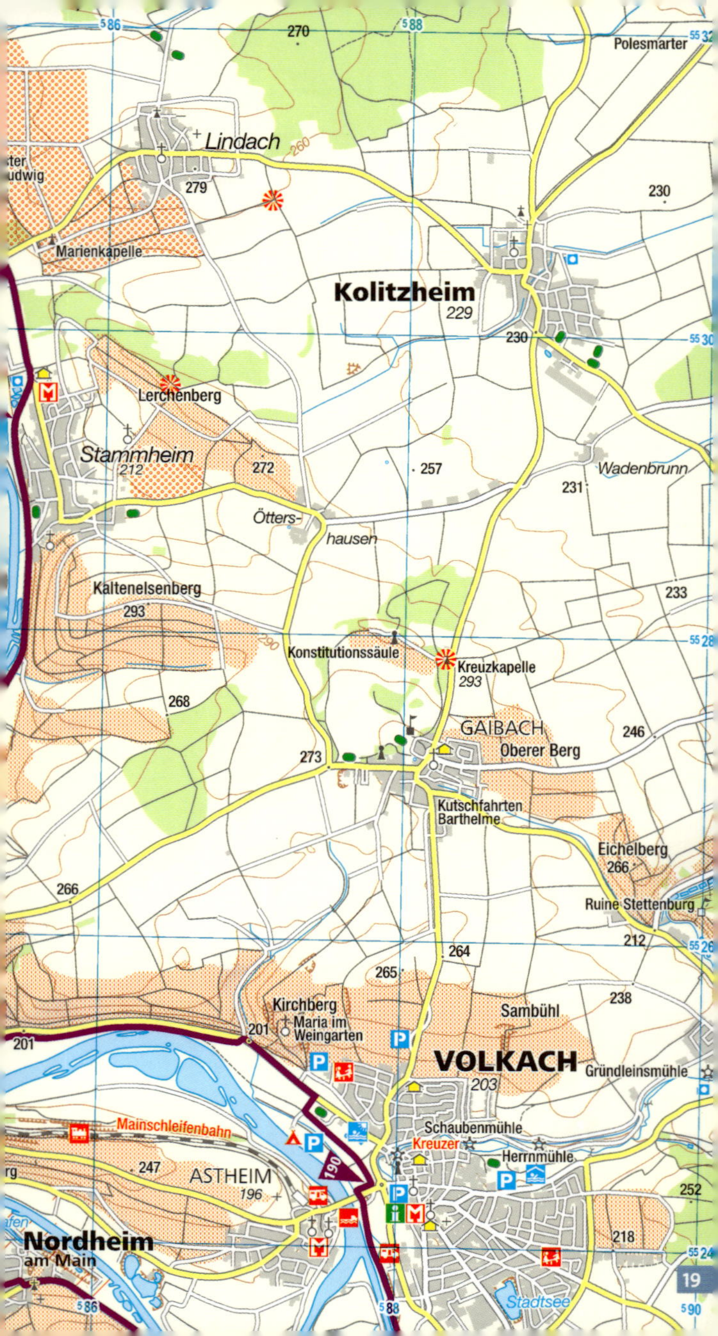

586
588
270
Polesmarter
5532
Lindach
260
279
Marienkapelle
230
Kolitzheim
229
230
5530
Lerchenberg
Stammheim
212
272
257
Wadenbrunn
231
Ötters-
hausen
Kaltenelsenberg
293
233
290
5528
Konstitutionssäule
Kreuzkapelle
293
268
GAIBACH
246
Oberer Berg
273
Kutschfahrten
Barthelme
Eichelberg
266
266
Ruine Stettenburg
212
5526
264
265
238
Kirchberg
Sambühl
201
Maria im
Weingarten
201
VOLKACH
203
Gründleinsmühle
Mainschleifenbahn
Schaubenmühle
Kreuzer
Herrnmühle
190
247
ASTHEIM
196
252
218
Nordheim
am Main
5524
Stadtsee
586
588
590

582
584
Pfarreienkreuz
Luisenhöhe
Auf der Warte
287
Speierberg
316
300
Schwanfeld
240
269
240
Wipfeld
Band-
keramik-
Museum
5530
Heiligenthal
(248)
262
Jüd. Friedhof
221
250
Klinge
301
293
300
298
Bäckersb.
300
Pechbrunnen
300
5528
261
Dipbach
286
Dürrenberg
318
300
318
280
Obereisenheim
300
246
Eisenheim
Hundertwasserhaus
300
Untereisenheim
200
Mönchsb
Solar-
park
5526
Püssensheim
277
300
Schiff-
mühle
230
FAHR
185
Kaltenhausen
197
Kreuzkapelle
200
268
Elgersheim
299
280
ESCHERNDORF
5524
Gh. Engl
199
Prosselsheim
268
Zur Krone
Hoher Hügel
318
582
584

OBERNBURG
am Main
Römerbau
EISENBACH
Mümling
Bäckersberg
156
Hungerberg
NFH
Bubenbrunnen
229
126
Glanzstoffsee
Götzsee
130
410
Deutsche Limesstraße
Einsiedlerbrunnen
Waldhaus
216
Settenberg
214
Schneesberg
469
Römerkastell
Seckmauern
204
Schiffsbau-
museum
Obere Mühle
199
Seckmauern
n runden Stein
Kirschberg
Waldhaus
Seckmauern
Galgen
Hockenberg
343
251
Haingrund
508
510

512
514
516
Elsenfeld
Kreuzmühle
136
Dachsberg
Rück
261
Schippach
Himmelthal
Platte
200
304
Wendelshöhe
153
Sandbuckel
229
Wittersbach
197
Hungerbrunnen
ERLENBACH
am Main
128
STREIT
300
Galgenberg
320
Hofstadel
MECHENHARD
Main
Hohberg
310
Bischberg
320
405
KLINGENBERG
am Main
RTH
m Main
Ruine Clingenburg
Klingen-
berg
Weinbau-
museum
Klingenberger Aussichtsturm
Wander-
heim
Staustufe
TRENNFURT
Steig
306
256
Kreuzkapelle
RÖLLFELD
Wanderheim
36

Nordheim
Main
240
198
Schloss Hallburg
Hallburg
Stadtsee
228
Kaserne
241
Kreuzberg
287
245
Mainkanal
212
Engelsberg
260
251
211
200
Sommerach
202
DIMBACH
230
Main
Leitenberg
224
Schleuse
Gerlachshausen
Beerweinsbrunn
Etterswasengraben
Eulenberg
223
200
244
Gerlachshausen
Geißberg
Schwarzach
am Main
190
Schwarzenau
LBACH
Münsterschwarzach
Düllstadt
205
188
198
Stadtschwarzach
Main
Hörblach
194
Stephansberg
22
586
588
590

Prosselsheim
268
Hoher Hügel
318
ESCHERNDORF
Zur Krone
"Mainschleife"
252
260
300
KÖHLER
192
Haucher Höhe
294
286
NEUSETZ
Mühlberg
294
Sulzhofer Höhe
SCHNEPFENBACH
232
280
SCHERNAU
NEUSES
am Berg
BRÜCK
225
277
260
Galgenberg
276
Maria im Sand
189
Kolpingmus.
im Faltertor
210
Doktorsmühle
Stadtpfarrkirche
185
Schloßsee
MAINSONDHEIM
287
Krackenberg
Bocksbeutelstraße
Main
Rosenberg
209
Solarpark
3
E45
Buchbrunner Höhe
245
582
584
522
520
518
516

ROLLFE
Wand
Deutsche Limesstraße
302
Heukopf
Lausberg
371
Arnsberg
351
Kirchberg
296
322
Laudenbach
128
Brunnthal
400
248
196
Martinsblick
Fahrnsbrunnen
394
Kühruhbrunnen
397
Lattberg
Kleinheuba
240
Rüdenau
193
Römerschanze
"Zum Stern"
196
Pfaffenbrunn
Rauschen
456
255
Rotes Bild
400
Bullauer Berg
Steinkopf
464
283

Röllbach
219
Ellenbühl
Hermbrunnen
Paradeismühle
Revelsberg
261
Röllbachbrunnen
Buhlibrunnen
Heidenhöger
259
257
Sprengenbrunnen
198
Radstein
Roßhof
Sulzenbrunnen
Klotzenhof
Saustall
281
228
439
Ospis
Nebelkappe
336
Langenberg
ßheubach
132
Pfaffenbrunnen
Hunnenstein
Hotel Rosenbusch
Kloster
Engelberg
401
Minsterstein
Schl.
Löwenstein
395
Rulesberg
Mariahilf-Kapelle
Bürgstadt
125
Staustufe
Kleinheubach
Röm. Kastell
MILTENBERG
140
390
Schloßberg
Milden-
burg
Städt.
Museum
434
129
388
BREITENDIEL
Grauberg

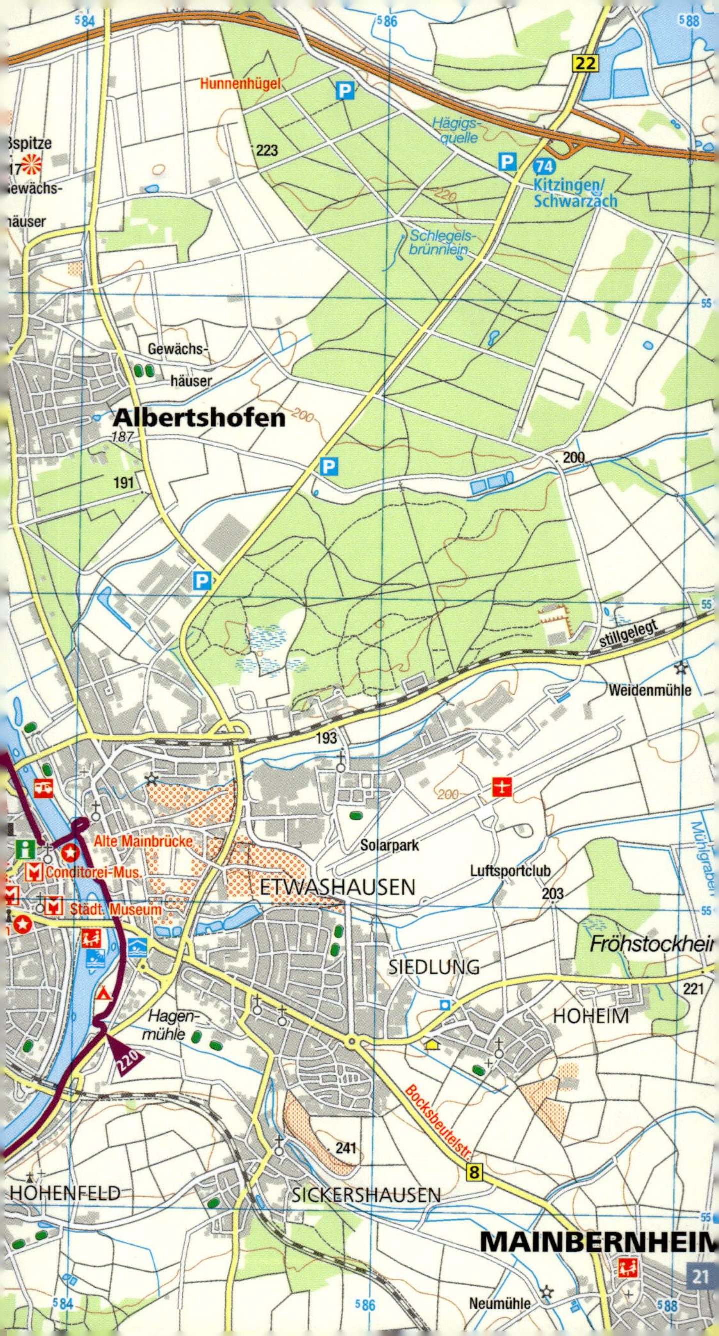

584
586
588
22
Hunnenhügel
Hägigs-
quelle
223
74
Kitzingen/
Schwarzach
Bspitze
Gewächs-
häuser
220
Schlegels-
brünnlein
Gewächs-
häuser
Albertshofen
187
200
191
200
stillgelegt
Weidenmühle
193
200
Solarpark
Alte Mainbrücke
Conditorei-Mus.
ETWASHAUSEN
Luftsportclub
203
Mühlgraben
Städt. Museum
Fröhstockheim
SIEDLUNG
221
HOHEIM
Hagen-
mühle
220
Bocksbeutelstr.
241
8
HOHENFELD
SICKERSHAUSEN
MAINBERNHEIM
21
584
586
Neumühle
588

580
582
Buchbrunner Höhe
245
280
3
E45
P
260
102
Kreuz
Biebelried
73
Mainstockheim
187
5514
302
215
Buchbrunn-
Mainstockheim
Laus-
hügel
Kitzingen
103
Buchbrunn
246
Erlebnis
Steinzeit
5512
Steinhügel
294
Solarpark
REPPERNDORF
281
260
KITZINGEN
200
Gleisenberg
Dt. Fa
5510
224
Eheriedermühle
200
7
E43
Kalten-
sondheim
Frohnberg
243
200
Main
5508
266
240
580
582

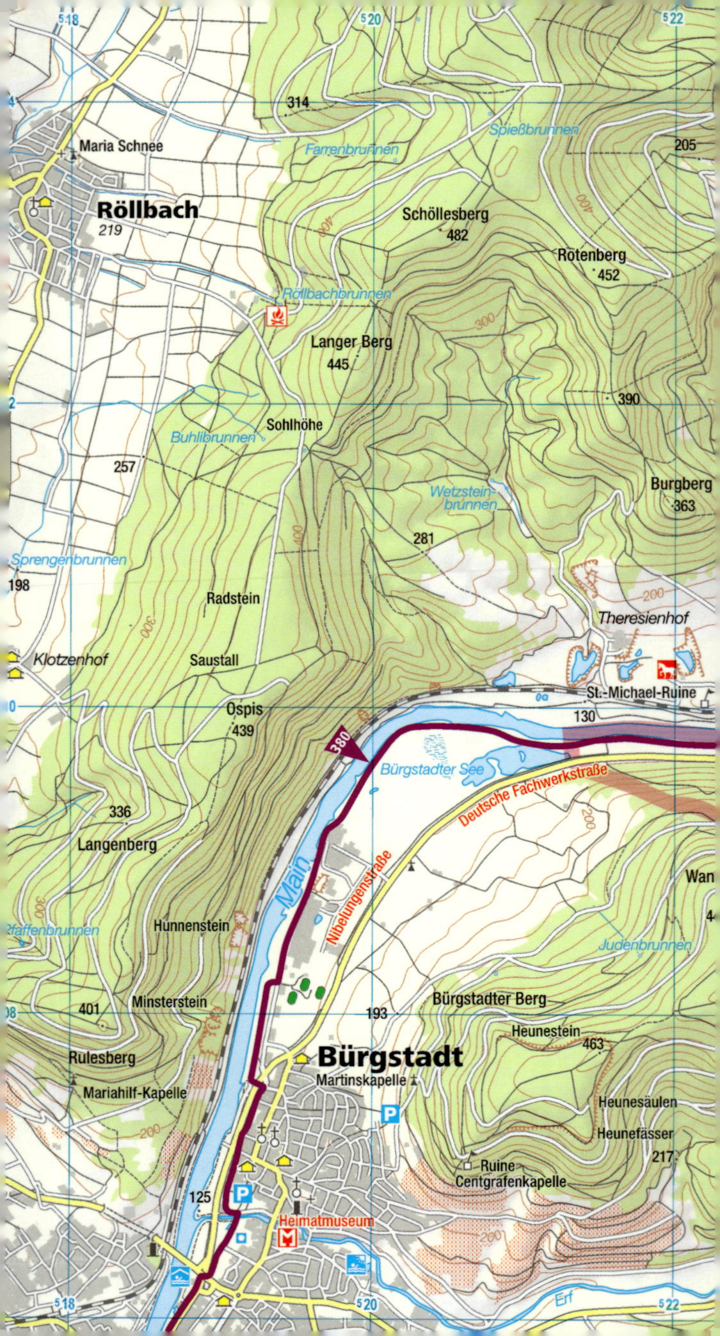

518
520
522
314
Maria Schnee
Farrenbrunnen
Spießbrunnen
205
Röllbach
219
Schöllesberg
482
Rotenberg
452
Röllbachbrunnen
Langer Berg
445
390
Sohlhöhe
Buhlibrunnen
257
Wetzsteinbrunnen
Burgberg
363
281
Sprengenbrunnen
198
Radstein
Theresienhof
Klotzenhof
Saustall
St.-Michael-Ruine
Ospis
439
130
380
Bürgstadter See
Deutsche Fachwerkstraße
336
Langenberg
Main
Nibelungenstraße
Wan
Pfaffenbrunnen
Hunnenstein
Judenbrunnen
401
Minsterstein
193
Bürgstadter Berg
Heunestein
463
Rulesberg
Bürgstadt
Martinskapelle
Mariahilf-Kapelle
Heunesäulen
Heunefässer
217
Ruine
Centgrafenkapelle
125
Heimatmuseum
Erf

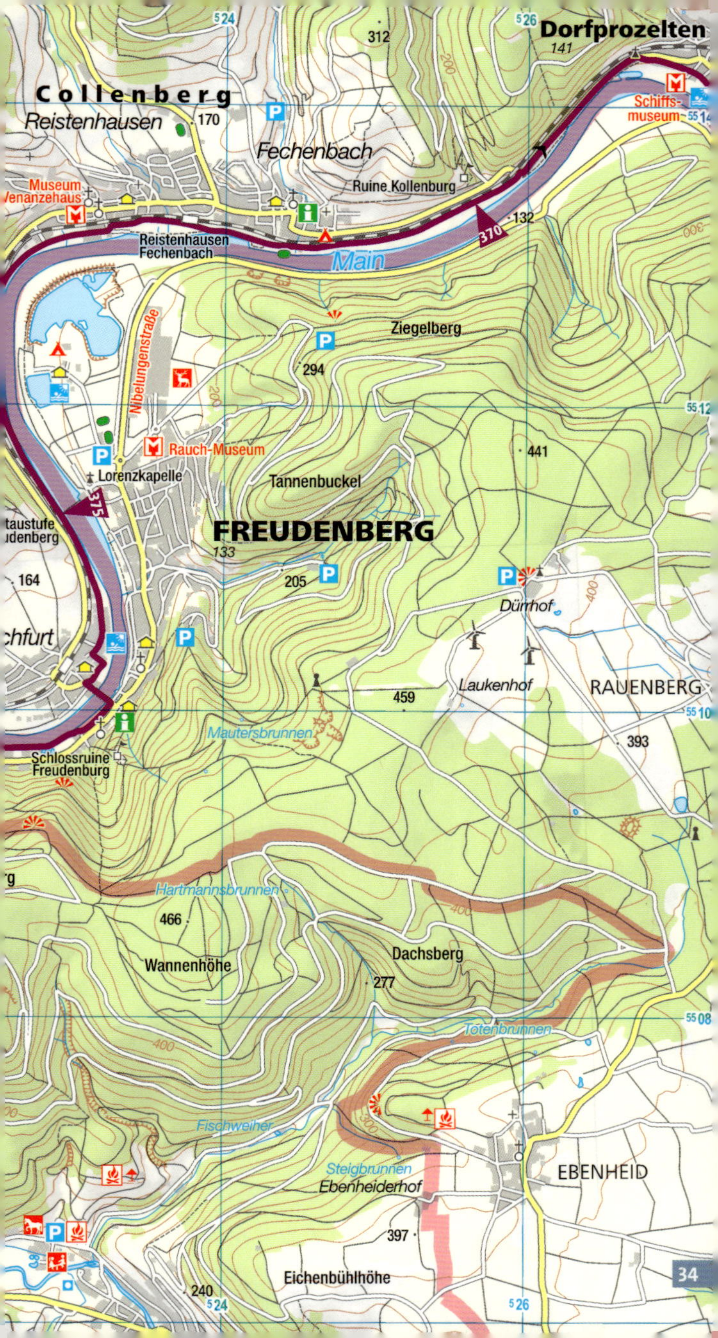

Dorfprozelten
141
312
Collenberg
Reistenhausen
170
Fechenbach
Ruine Kollenburg
Schiffs-museum
Museum Venanzehaus
Reistenhausen Fechenbach
Main
370
132
Ziegelberg
294
Nibelungenstraße
Rauch-Museum
441
Lorenzkapelle
Tannenbuckel
375
FREUDENBERG
133
205
164
Dürrhof
Laukenhof
RAUENBERG
459
Mautersbrunnen
393
Schlossruine Freudenburg
Hartmannsbrunnen
466
Wannenhöhe
Dachsberg
277
Totenbrunnen
Fischweiher
Steigbrunnen
Ebenheiderhof
EBENHEID
397
Eichenbühlhöhe
240
34

SICKERSHAUSEN
HOHENFELD
241
231
220
MICHELFELD
MARKTSTEFT
191
216
200
259
Keltenschanz
rfeldmus.
te Schule
itz
MARKTBREIT
Malerwinkelhaus
185
Holzweinbe
277
Tiefenstockhein
273
Obernbreit
262
Bocksbeutelstraße
Marktbreit
104
Bücklein
Rotenbühl
217
233
Solarpark
584
586
22

Sulzfeld
am Main
202
266
240
278
280
Wasserschloß
ERLACH
Erlacher Berg
291
188
200
Bocksbeutelstraße
Ältester Hafen Bayer
Aussichtspunkt Weinhalla
271
ZEUBELRIED
Segnitzer Spitze
270
Spitalberg
305
300
263
Markgrafenhöfe
OCHSENFURT
186
Frickenhausen am Main
180
Mönchshof
183
Staustufe Marktbreit
230
13
250
Staffelsberg
St. Wolfgang
Landturm
262
Fuchsberg
260
Lindenbrunnen
GNO
578
580
5506
5504
5502
5500

Hartmannsbrunnen
430
402
Schilzberg
Hoher Berg
452
NEUENBUCH
396
321
Langenrainberg
336
Kühebuckel
Kühlberg
335
Hofthiergarten
Mariengrotte
Ruine
Henneburg
Mondsee
Dorf-
prozelten
141
STADT-
PROZELTEN
134
365
152
MONDFELD
Schiffs-
museum
Mariengrotte
151
Nibelungenstraße
Unterer Berg
386
Rosen-
mühle
218
Vorderer Berg
410
Hahnen-
brunnen
Zur Rose
Hohenstein
BOXTAL
388
Jagdhaus Diana
Wildbachtal
Eichberg
177
375
Sägmühlen
RAUENBERG
337

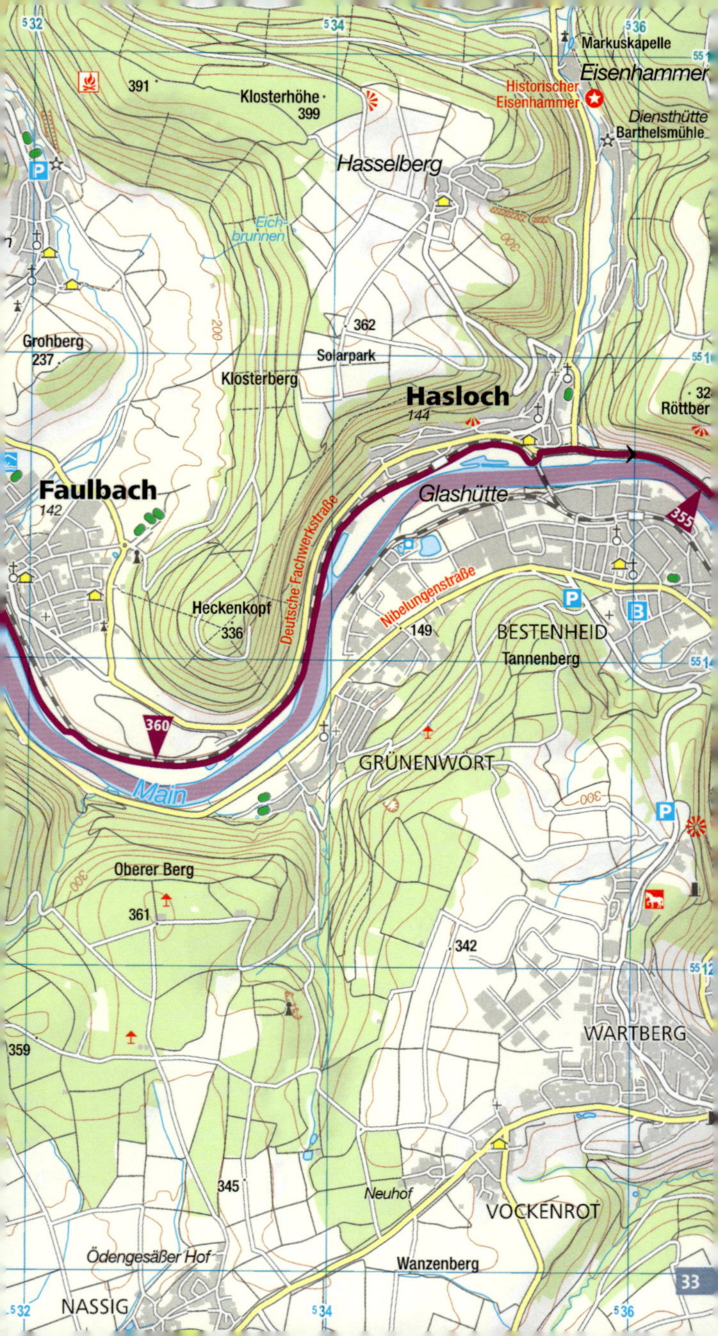
Markuskapelle
Eisenhammer
Historischer Eisenhammer
Diensthütte
Barthelsmühle
391
Klosterhöhe
399
Hasselberg
Eich-brunnen
300
200
362
Grohberg
237
Solarpark
Klosterberg
Hasloch
144
Röttber
Faulbach
142
Glashütte
355
Deutsche Fachwerkstraße
Nibelungenstraße
Heckenkopf
336
149
BESTENHEID
Tannenberg
360
GRÜNENWÖRT
Main
Oberer Berg
361
342
WARTBERG
359
345
Neuhof
VOCKENROT
Ödengesäßer Hof
Wanzenberg
NASSIG
33

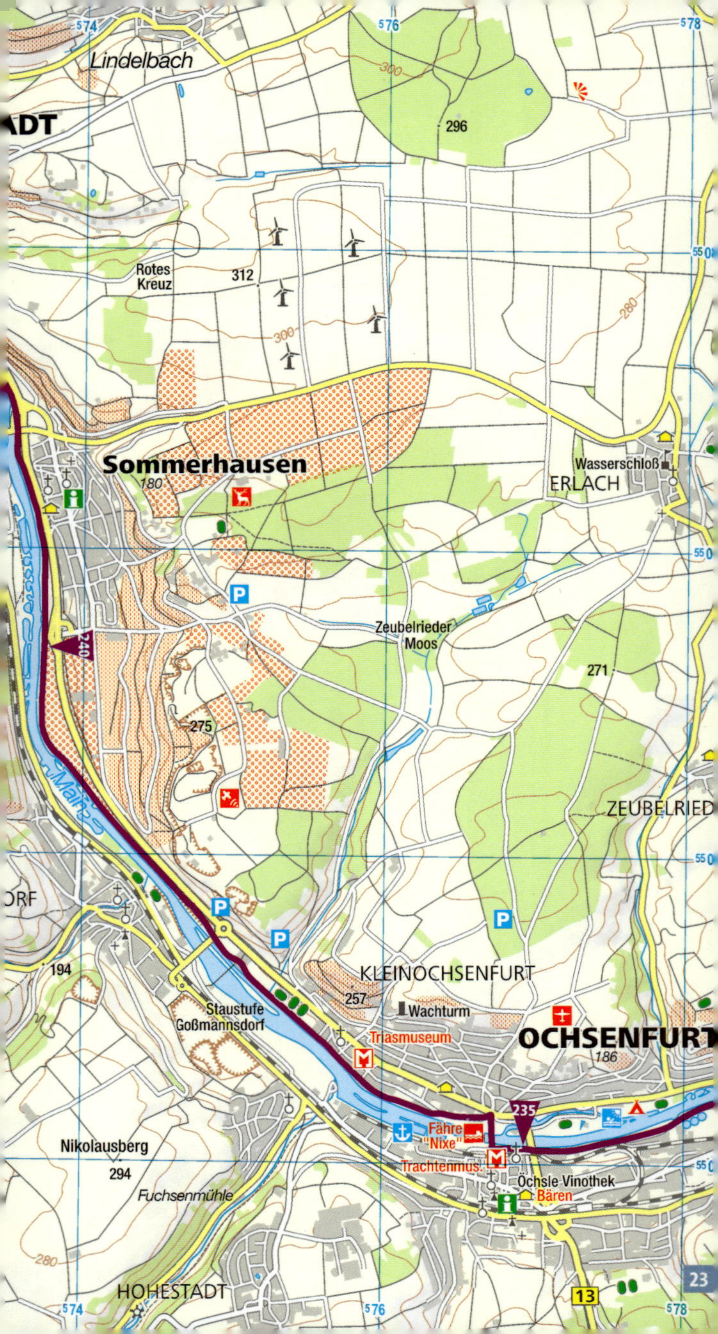

574
576
578
Lindelbach
ADT
296
300
Rotes
Kreuz
312
300
280
Sommerhausen
180
Wasserschloß
ERLACH
Zeubelrieder
Moos
240
271
275
ZEUBELRIED
ORF
194
KLEINOCHSENFURT
257
Wachturm
Staustufe
Goßmannsdorf
Triasmuseum
OCHSENFURT
186
235
Fähre
"Nixe"
Trachtenmus.
Öchsle Vinothek
Bären
Nikolausberg
294
Fuchsenmühle
280
HOHESTADT
13
23
Main

570
572
257
245
13
292
EIBELS
179
Heimatmuseum
178
200
ROTTENBAUER
Hartenberg
302
Winter-
hausen
188
Fuchsstädter Berg
300
Fuchs-
stadt
309
Ludwigshö
204
Bürzelhöhe
304
Lerchenberg
283
306
Klingholz
300
301
Klinghöhe
300
GOSSMANN
DARSTADT
Urlesbe
280
Eßfeld
289
Mühlberg
292
260
570
572

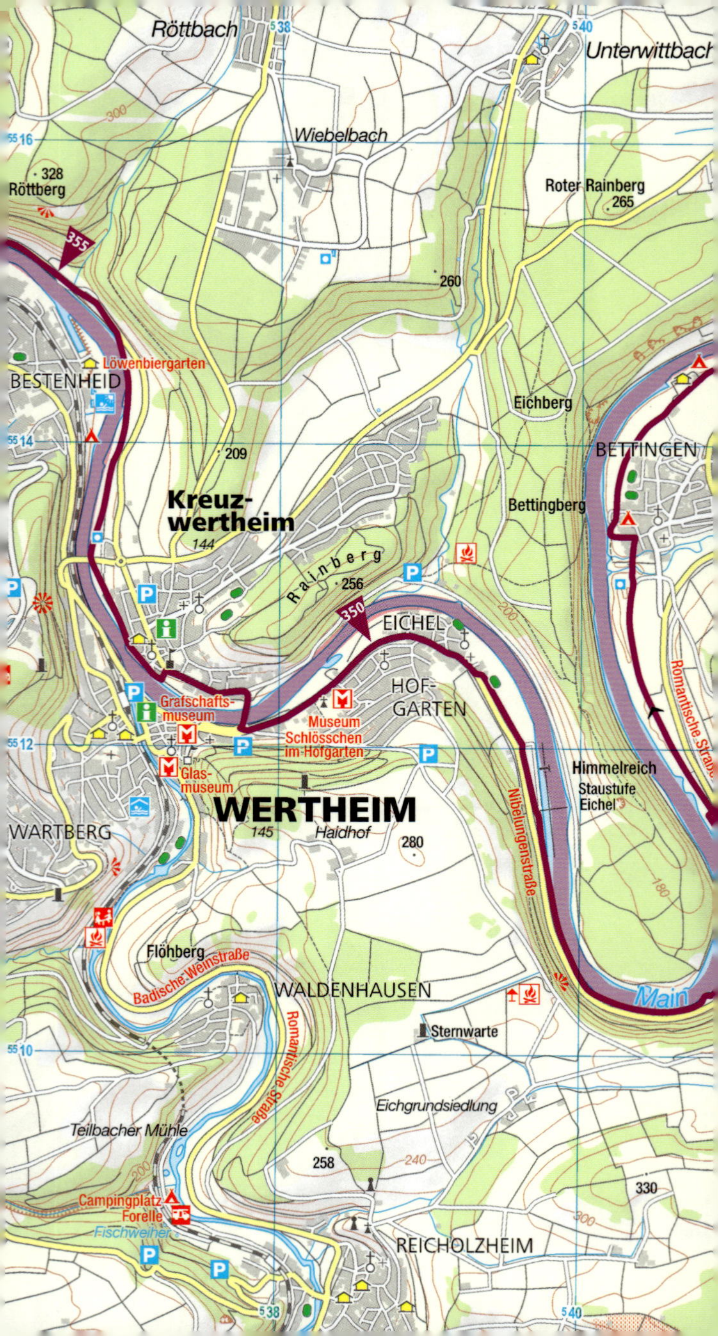

Röttbach
538
540
Unterwittbach
300
5516
Wiebelbach
328
Röttberg
Roter Rainberg
265
355
260
Löwenbiergarten
BESTENHEID
Eichberg
5514
209
BETTINGEN
Kreuz-
wertheim
144
Bettingberg
Rainberg
256
350
EICHEL
200
HOF-
GARTEN
Grafschafts-
museum
Museum
Schlösschen
im Hofgarten
5512
Glas-
museum
Himmelreich
Staustufe
Eichel
Romantische Straße
WERTHEIM
145
Haldhof
280
WARTBERG
Nibelungenstraße
180
Flöhberg
Badische Weinstraße
WALDENHAUSEN
Main
Sternwarte
5510
Romantische Straße
Eichgrundsiedlung
Teilbacher Mühle
258
240
200
330
Campingplatz
Forelle
300
Fischweiher
REICHOLZHEIM
538
540

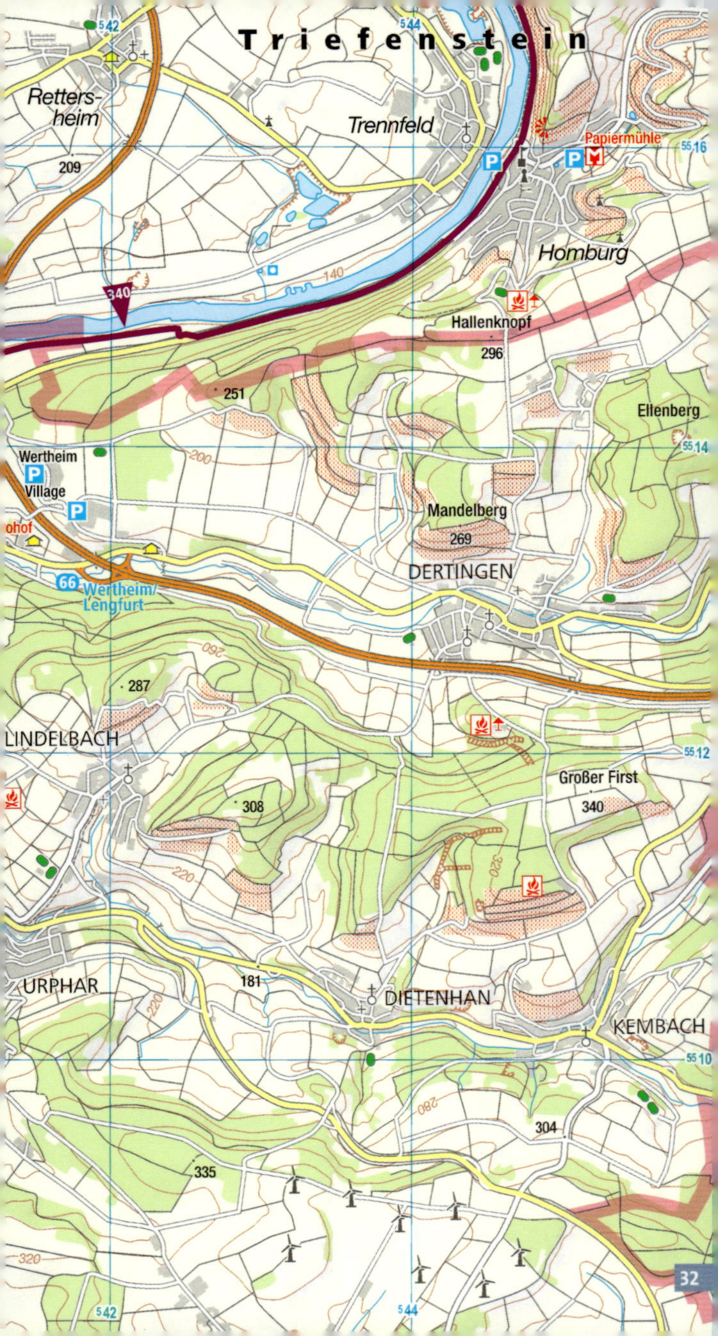

Triefenstein
Retters-heim
Trennfeld
Papiermühle
Homburg
Hallenknopf
296
209
140
340
251
Ellenberg
Wertheim Village
Mandelberg
269
DERTINGEN
66
Wertheim/ Lengfurt
260
287
LINDELBACH
Großer First
340
308
220
320
URPHAR
181
DIETENHAN
KEMBACH
220
280
304
335
320
5 42
5 44
55 16
55 14
55 12
55 10

ROMBÜHL
570
572
262
Pilziggrund
Rosen-
Rock Inn
Boulderhalle
8
WÜRZBURG
useum
244
178
55
Museum Shalom
Europa
Stadtplan S. 46
267
Campus
FRAUEN-
LAND
Hubland
Gerbrunn
306
249
Alter Berg
Gartenstadt
279
Alandsberg
Keesburg
274
Neuberg
296
250
Hoher Bug
Lämmerberg
Kasperhaus
Randersacker
175
323
177
Steinhauermuseum
Marsberg
Raststätte
Würzburg-Nord
Katzenberg-
tunnel
303
197
Raststätte
Würzburg-Süd
181
Hohenrotberg
Sonnenstuhl-
turm
292
Main
HEUCHEL-
HOF
200
Molkenbrunnen
Würzburg/
71 Randersacker
E43
3
13
257
245
29
24

Main
Neuer Hafen
Alter Hafen
ZELLERAU
DAV Kletterzentrum
Nautiland
Schiffs-touristik
Röntgen-Gedächtnisstätte
ALT-STADT
Alter Kranen
Mus. am Dom
Dom
Hofkirche
Residenz
Rathaus
Festung Marienberg
188
255
Romantische Straße
Käppele
Frankenwarte
Höchberg
280
Nikolausberg
Johannishof
Zollhaus
SANDER-AU
STEINBACHTAL
194
300
Unglücksberg
317
Waldfriedhof
268
HEIDINGS-FELD
70
Würzburg-Heidingsfeld
219
Waldkugel
Guttenberg
Reichenberg
230
Hohe Wart
Höchberg
334
27
8
19
564
566
568
16
14
12
10

Hafenlohr
Alte Wachenmühle
Heinrichsmühle
305
324
Marienbrunn
253
300
GLASOFEN
288
Mahnmal
Mainblick
Franck-Haus
Glasofener Höhe
315
300
330
331
Eichenfürst
Dillberg
246
Geiersberg
8
ALTFELD
200
3
E41
Main
200
65
Markt-heidenfeld
244
Klingelsbacher Höhe
OBERWITTBACH
154
Staustufe
288
Painthöhe
Bocksberg
289
Triefenstein
Retters-heim
260
Unterwittbach
209
540
542
5524
5522
5520
5518
5516

Karbach
204
Breitmühle
Königsmühle
220
Elisabethenhütte
237
Seebrunnen
Neumühle
Pointhöhe
262
Strickberg
245
Ebenbildkapelle
Eitelsberg
300
Boyerlesberg
282
Heubrunnen
301
232
Kreuzberg
285
MARKTHEIDENFELD
154
296
Krähenschnabel
284
Insberg
300
Herzbrunnen
Ziegelhütte
Sibrichsmühle
Weinbaumuseum
Erlenbach
b. Marktheidenfeld
201
Wendelinkapelle
Locksberg
288
Tiefenthaler Berg
Lengfurt
Klettenberg
Dreifaltigkeits-
säule
335
192
Tiefenthal
Hübschenberg
294
Husarenberg
8
306
Lerchenberg
271
Trennfeld
Papiermühle
31

Eichenleiten
564
566
Dürrbachpark
Altenberg
330
Güntersleben
274
Triebleinsberg
351
Hirschberg
354
Deisenberg
246
Bildeiche
313
Pfützbründl
300
Talberg
314
283
Gadheim
273
Kalter Berg
215
Kalter-
brunnen
Veitshöchheim
170
Solar-
park
306
235
268
Kreuzberg
Schloss
Veithöchheim
Rokokogarten
Schafhof
214
240
OBERDÜRRBACH
Standort-
übungspl.
Guckelesberg
Luitpoldquelle
DÜRRBACHTAL
Main
Eisenbahn-
museum
Würzburg
Rossberg
303
Ruine
Schenkenschloss
UNTER-
Rotkreuzhof
DÜRRBACHAU
Riedelskreuz
Mainfranken
Motodrom
DÜRRBACH
260
304
Main
Pfaffenberg
Bismarckturm
255
Zeller Berg
290
8
27
Oberzell
25

558
560
562
Feldmühle
Eschberg
325
Wachtturmruine
Mühlberg
Leinach
209
Ober-
-leinach
351
Volkenberg
355
Erlabrunn
180
27
307
Höhfeldplat
Neuenberg
168
240
Staustufe
Erlabrunn
265
Pfaffenberg
Eichelberg
347
339
300
201
Kehlberg
Steinhaugshof
Margetshöchheim
305
neisenberg
357
368
Gut Greußenheim
Rotenberg
300
278
200
330
Zell
Hettstadterhof
Gut
Hettstadt
311
524
522
20
18

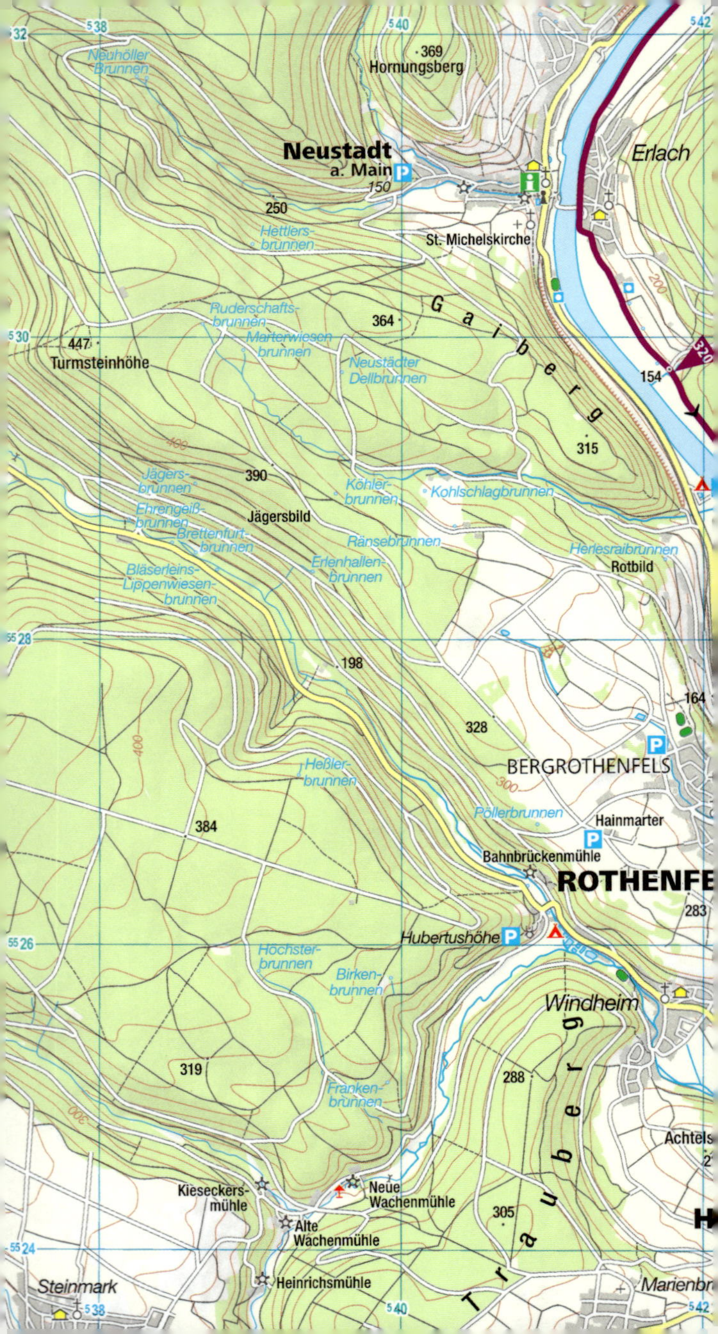

Neuhöller Brunnen
369
Hornungsberg
Neustadt a. Main
150
250
Erlach
Hettlers-brunnen
St. Michelskirche
200
Ruderschafts-brunnen
364
Gaiberg
447
Turmsteinhöhe
Marterwiesen brunnen
Neustädter Dellbrunnen
320
154
315
400
Jägers-brunnen
390
Köhler-brunnen
Kohlschlagbrunnen
Ehrengeiß-brunnen
Jägersbild
Brettenfurt-brunnen
Ränsebrunnen
Herlesraibrunnen
Rotbild
Erlenhallen-brunnen
Bläserleins-Lippenwiesen-brunnen
198
164
328
Heßler-brunnen
BERGROTHENFELS
300
Pöllerbrunnen
Hainmarter
384
Bahnbrückenmühle
ROTHENFE
283
Hubertushöhe
Höchster-brunnen
Birken-brunnen
Windheim
319
288
Franken-brunnen
Traubberg
Achtels
Kieseckers-mühle
Neue Wachenmühle
305
Alte Wachenmühle
Steinmark
Heinrichsmühle
Marienbr

544
546
5532
300
364
lachberg
Häselberg
356
311
322
Schneidergraben
Rohrbrunngraben
318
Frohnberg
359
5530
Ansbach
347
Röderberg
348
300
351
Hausberg
Weichselberg
300
349
Buchbuckelgraben
Rothenberg
5528
ustufe
thenfels
Fuchsberg
ZIMMERN
260
Roden
252
Ackerer Berg
291
Solarpark
Holzmühle
Rosenmühle
Neumühle
Hessenmühle
Schmittsmühle
Brunnenmühle
285
Hölzlberg
Fuchsenmühle
5526
239
200
Kleißberg
272
325
Abtsberg
280
200
280
180
Karbach
204
ohr
149
Breitmühle
5524
Königsmühle
544
546

Steinberg
STETTEN
Thüngen
196
209
273
297
Kürbishöhe
307
303
Lerchenberg
Blauer Turm
Ausstellung
Weihnachtspostamt
Klößberg
Heiligenbrunnen
204
337
Neuenberg
Ersberg
255 Maria im
Grünen Tal
188
Würmberg
326
Wiesleitnbrünnl
Retzbach-
Zellingen
Retzbach
186
Mariahilf
169
Tiertalberg
342
352
Rottaufberg
270
307
195
Thüngersheim
169
Neue Mühle
202
27
307
Höhfeldplatte
Eschberg
325

554
Jüdischer Friedhof
LAUDENBACH
Schmidsberg
170
200
532
210
Schneeberg
301
Weidleinsberg
334
Englertsberg
333
Sternberg
293
Himmelstadt
164
275
Solarpark
Solarpark
260
Solarpark
324
Pillenberg
530
307
220
Himmelstadter Mühle
347
319
300
195
528
Zelli
250
262
Germanenhügel
288
Kirchberg
295
293
Kämmerich
243
Gesprings-
Hohentalshöhe
296
526
Zellinger H
Würzberg
296
267
Wellenberg
272
Tannenbühl
554
556

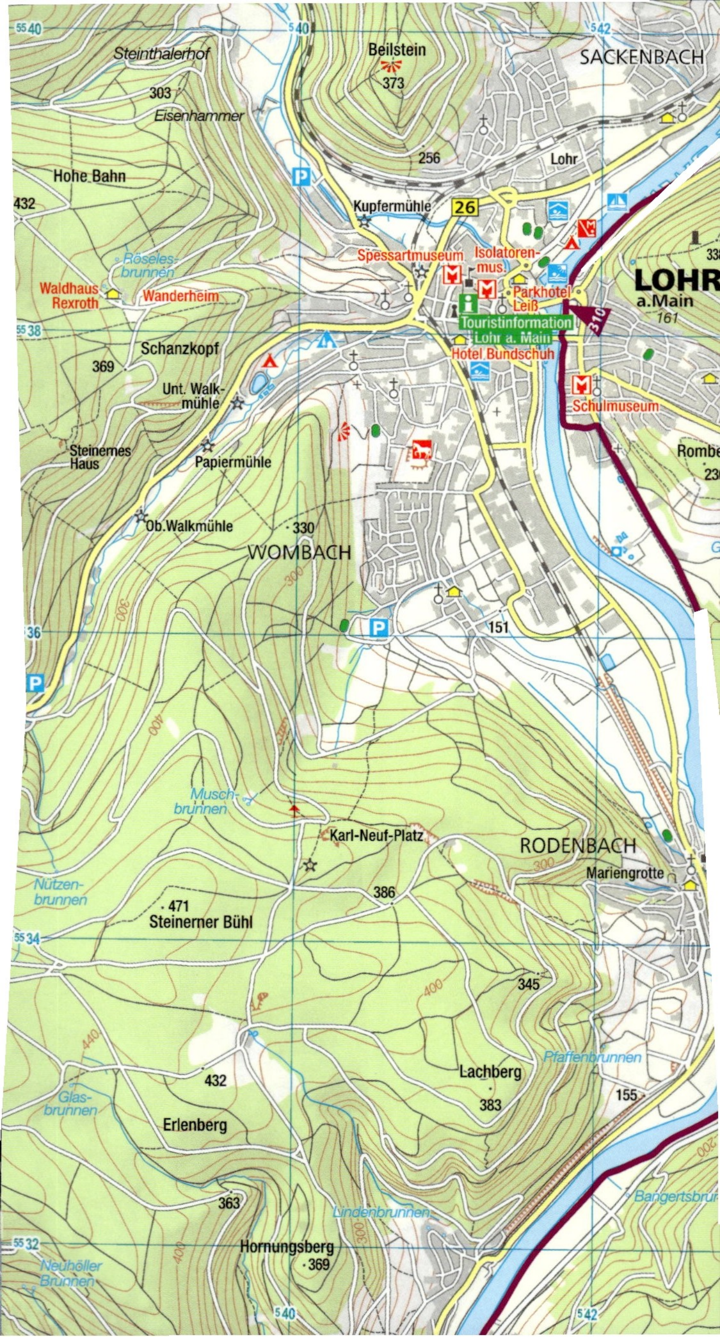

Steinthalerhof
303
Eisenhammer
Beilstein
373
256
SACKENBACH
Lohr
Hohe Bahn
432
Kupfermühle
26
Röseles-
brunnen
Spessartmuseum
Isolatoren-
mus.
Parkhotel
Leiß
LOHR
a.Main
161
Waldhaus
Rexroth
Wanderheim
Touristinformation
Lohr a. Main
310
Hotel Bundschuh
Schanzkopf
369
Unt. Walk-
mühle
Schulmuseum
Steinernes
Haus
Papiermühle
Rombe
230
Ob.Walkmühle
330
WOMBACH
300
151
400
Musch-
brunnen
Karl-Neuf-Platz
RODENBACH
Mariengrotte
Nützen-
brunnen
471
Steinerner Bühl
386
345
400
440
Pfaffenbrunnen
Glas-
brunnen
432
Lachberg
383
155
Erlenberg
200
363
Bangertsbrun
Lindenbrunnen
Hornungsberg
369
Neuhöller
Brunnen
5540
5538
5536
5534
5532
540
542

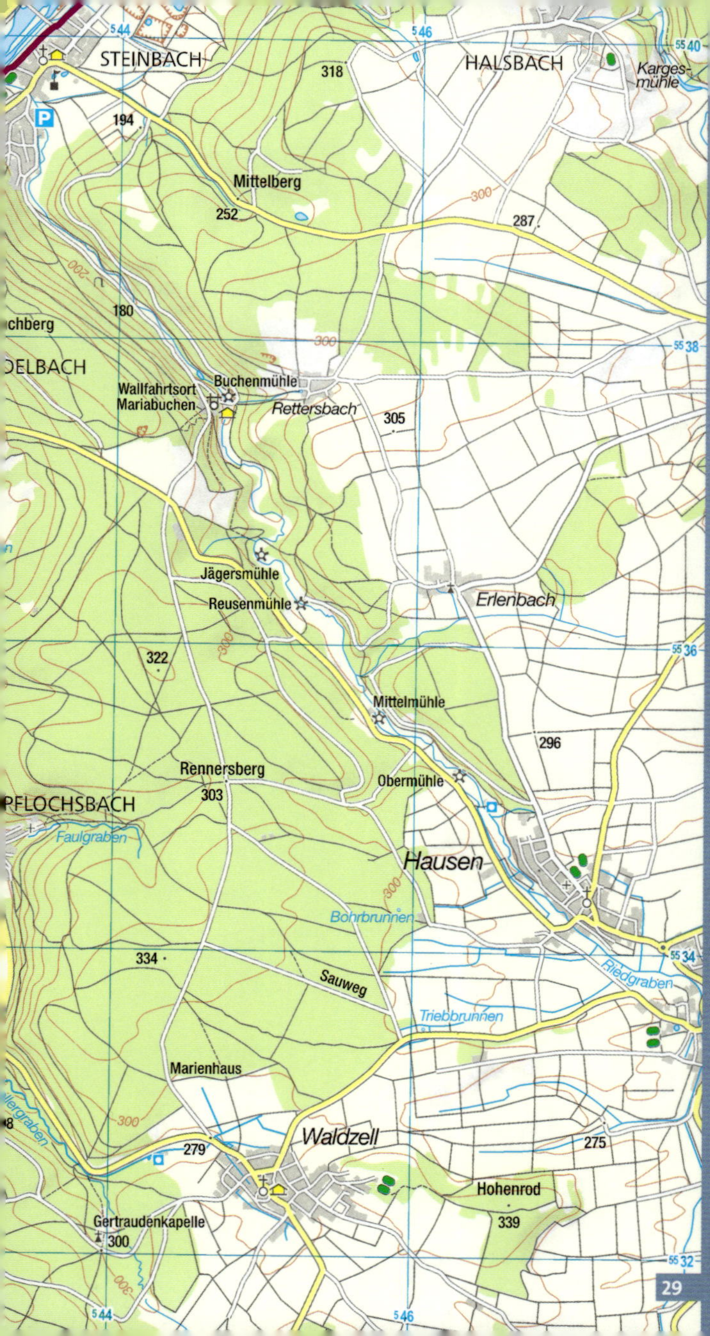
STEINBACH
HALSBACH
Karges-mühle
318
194
Mittelberg
252
287
300
200
180
chberg
DELBACH
Wallfahrtsort Mariabuchen
Buchenmühle
Rettersbach
305
Jägersmühle
Reusenmühle
Erlenbach
322
Mittelmühle
296
Rennersberg
303
Obermühle
PFLOCHSBACH
Faulgraben
Hausen
Bohrbrunnen
334
Sauweg
Riedgraben
Triebbrunnen
Marienhaus
llergraben
Waldzell
279
275
Hohenrod
339
Gertraudenkapelle
300
544
546
5540
5538
5536
5534
5532

Motocross-
gelände
Strutbrunnen
312
Eichelberg
Kobleinsmühle
27
Karlstädter Berg
GAMBACH
280
251
227
Ilbberg
320
300
Grainberg
315
Gambach
Main
285
Falteshütte
(nur Sonntag geöffnet)
319
284
Kalben-
stein
Billenb
KARLBURG
Rehnützberg
308
Bergbau
Schlossberg
305
Stadt-
geschichtl.
Mus.
Saupu
344
Ruine Karlsburg
Alte Brauerei
MÜHLBACH
26
Klempner- u.
Kupferschmiedemus.
(nur f. Gruppen geöffnet)
St. Andreas
260
KARLSTADT
167
280
Elisabethshöhe
27
Kalvarien
280
Main
LAUDENBACH
Jüdischer
Friedhof
336
Schmidsberg
170
554
556

HALSBACH
Karges-
mühle
HARRBACH
281
309
Dachsberg
26
159
Ständelberg
265
Goldbrunnen
Staustufe
Harrbach
Rauher Berg
Rammersberg
318
265
WIESENFELD
324
Mäusberg
Solar-
park
Sperbühl
325
309
Grabenberg
302
Eichelbeg
325
Mehlenberg
Tanne
Kreuzkapelle
Erlenberg
ROHRBACH
Hopfenberg
303
Eckersbrunnen
317
Steinfelder Berg
Solar-
park
Hühnerberg
Steinfeld
272
Heinrichsgraben
Weingartner
338
300
Johannesberg
Eßlersberg
308
Pilzberg
331
548
550
552

548
544
546
SCHAIPPACH
265
Johannesberg
431
400
Kuppe
455
Zollberg
200
Pfaffenplatte
239
300
LANGEN-
PROZELTEN
5546
Hotel Imhof "Z
letzten Hi
Raupenbrunnen
Silberbunnen
Äußerer Berg
300
HOFSTETTEN
Spessart Camping
Schönrain
Köhlersberg
Engersberg
5544
Bach-
brunnen
Höllberg
Raumberg
339
Neuendorf
175
168
Nantenbach
Fahrzeug-u.
Technikmuseum
Ruine
Schönrain
281
240
5542
Gippelsberg
305
Salzberg
370
160
Schwedenschanze
Sommerhof
Veiten-
mühle
320
Main
Staustufe
Steinbach
HALSBACH
Karges-
mühle
STEINBACH
318
544
546

550
552
5548
284
SCHÖNAU
300
Sinn
320
Burgbrunnen
malberg
341
Malersbrunnen
297
Koppe
295
Ehrenfriedhof
334
5546
REICHENBUCH
Naturpark
Spessart
Infozentrum
GEMÜNDEN
am Main
Dachsberghöhe
367
R. Scherenburg
160
Main
295
300
Klingenmühle
5544
260
Stenzenberg
Zollberg
MASSENBUCH
ADELSBERG
378
Harrbachs-
brunnen
360
Sünsleinbrunnen
KLEINWERNFELD
5542
Harrbacher Gr.
Wernfeld
Gipsmühle
297
Schenkenberg
WERNFELD
336
322
290
Motocross-
Gelände
HARRBACH
295
550
552

ISBN 978-3-99044-955-4
€ 9,99
9 783990 449554
FTK 7003